"野球"探微：中国当代民间篮球文化研究

吕思泓 李雪 著

中国书籍出版社
China Book Press

图书在版编目(CIP)数据

"野球"探微：中国当代民间篮球文化研究 / 吕思泓，李雪著. -- 北京：中国书籍出版社，2024.11.

ISBN 978-7-5241-0064-5

Ⅰ.G841-05

中国国家版本馆 CIP 数据核字第 2024P7U044 号

"野球"探微：中国当代民间篮球文化研究

吕思泓　李　雪　著

策划编辑	成晓春
责任编辑	吴化强
封面设计	守正文化
责任印制	孙马飞　马　芝
出版发行	中国书籍出版社
地　　址	北京市丰台区三路居路 97 号（邮编：100073）
电　　话	（010）52257143（总编室）　（010）52257140（发行部）
电子邮箱	eo@chinabp.com.cn
经　　销	全国新华书店
印　　刷	北京市怀柔新兴福利印刷厂
开　　本	710 毫米×1000 毫米　1/16
字　　数	192 千字
印　　张	9.75
版　　次	2025 年 5 月第 1 版
印　　次	2025 年 5 月第 1 次印刷
书　　号	ISBN 978-7-5241-0064-5
定　　价	72.00 元

版权所有　翻印必究

前言

本研究充分运用网络资料（相关视频、节目等）和深入访谈等方法，对当前篮球领域流行的"野球"进行了深入考察，以期通过对非职业篮球样态的多角度透视，揭示野球文化之特征和功能，为当下中国非职业篮球发展提供参考。

第一，界定野球的定义，梳理野球的缘起、发展动因和趋势。首先，野球有广义和狭义之分。广义的"野球"，指队伍无相对稳定建制和长期系统训练的非职业篮球活动和竞赛。主要分为三种：生活中常见的篮球爱好者聚集到一起进行的比赛、以赢取奖金为目的的民间篮球比赛和民间自发组织的业余联赛。而狭义的"野球"，则专指参赛者以赢取奖金为目的的"业余"比赛，本研究将其称为"职业野球"。其次，野球的缘起、发展动因和趋势。野球之所以在中国成为一个重要的体育文化现象，与厚重的城乡篮球传统紧密相关。野球之所以迅速发展，得益于经济发展、篮球培训和街头篮球等推动。经济发展为野球发展提供了物质基础，街头篮球的兴起加速了野球的普及和技术提升，篮球培训机构、网络短视频为少年儿童提供了训练、比赛的平台和途径。从长远看，野球领域的篮球生态将持续优化，非职业领域的篮球分层布局将日趋合理；随着网络化、商业化的深入，野球线上线下有机协同将更为紧密；非职业领域篮球整体水平将获得较大提升。

第二，结合网络资料和访谈，从三个层面描述野球的文化特征。从物质层面来说，野球具有优劣皆宜的特点。参与其中的篮球爱好者水平参差不齐；角色身份复杂；场地设施良莠不齐。既存在着城乡差距，也有专业和非专业的差距。尽管当前篮球场地无法满足野球发展需要，但激情和热爱足以抵消场地的不足。比赛规模因比赛性质和目的不同而大小不一，野球赛事规模呈迅速扩大趋势，为篮球爱好者提供了更多的机会和更为广阔的空间。

从制度层面来说，野球呈现因球而聚的特色。首先，因各种野球的目的不同，其组织运作各有特色。职业野球从本质上是以赢球为目的的利益交换。非利益型的野球因目的不同也有着不同的组织形式，突出表现在商业化和官方介入程度的差异。其次，球场规矩不拘一格，"无目的、无利益"的健身娱乐型野球规则约定俗成，"有目的、无利益"的普及推广型野球追求规则的标准化和独特性，而"有目的、有利益"的利益关切型野球在职业化规则套用中多有对规则的故意破坏。最后，在野球空间里，篮球参与者具有很强的流动性。以健身娱乐为主的自由野球是小范围的自由组队，职业野球参与者跟随金钱的指挥棒走遍全国各地。球员在不同层次野球圈子的纵向流动性也越来越大。

从精神层面来说，参与者以热爱为根本动力。首先，作为一种集体性的体育项目，篮球有着天然的社交功能。篮球的社交性既有朋友之间的友谊，也有利益争夺中的人情世故，使参与其中者以篮球认识社会和人生。其次，无论是以休闲娱乐为主的中老年群体，还是以篮球为梦想的青少年，甚或以篮球为生的职业野球手，都充满对篮球的热爱，表达着对美好生活的向往和追求，汇聚成中国非职业篮球发展的巨大力量。最后，野球世界充满理想与现实的矛盾。对于绝大多数投身职业野球的球员来说，在无法进入职业赛场或无法继续从事职业篮球之时，他们只能选择投身"老板的游戏"，将篮球作为谋生手段。

第三，基于文化特征描述，从两个方面阐释"野球"的文化功能。首先,作为职业篮球之外庞大的篮球体系,野球在促进中国篮球本体发展方面发挥着"优化生态"的作用。野球因其涉及多层次、多群体、多样态,通过人员的流动、赛事的商业化等极大促进了篮球生态优化。球成为职业篮球与非职业篮球沟通协作的空间,为非职业篮球水平整体提升发挥了积极作用;作为野球中的一个部分,校园篮球的重要性与日俱增。对青少年而言,校园既是其通过打球获得人生提升的方向,也是他们向职业篮球进发的起点;在职业篮球因其体制内性质而遭遇诸多问题的当今,中国野球的快速发展,将为职业篮球提供更多的后备人才,巨大的野球市场同时为职业球员延续篮球生命提供了广阔的空间。其次,野球的衍生功能表现在教育功能、经济功能和政治功能三个方面。野球在少年儿童身心健康方面具有特殊的教育意义,在促进青少年身心健康的过程中形成正能量的体育亚文化;野球在中国乡村结合网络化的组织运营中,极大地促进了乡村经济发展,其赛事的正规化、商业化和社会化,使之成为拉动城乡经济发展的一股体育产业力量;乡村篮球赛事的风靡增强了人们的交往,促进了基层社会的和谐,成为辅助基层社会治理的体育力量。

在撰写本书的过程中,作者查阅和借鉴了大量的相关资料,在此向其作者表示诚挚的感谢。此外,本书的撰写也得到了相关专家和同行的支持与帮助,在此一并致谢。由于作者水平有限,加之时间仓促,书中难免出现纰漏,敬请广大读者批评指正。

目 录

第一章　绪　论 …………………………………………… 1
　第一节　背景意义 ………………………………………… 1
　第二节　文献述评 ………………………………………… 2
　第三节　思路方法 ………………………………………… 7

第二章　"野球"缘起、动因与发展趋势 …………………… 11
　第一节　缘起：厚重的城乡篮球传统 …………………… 11
　第二节　动因：经济发展和篮球培训 …………………… 17
　第三节　趋势：日渐优化的篮球生态 …………………… 22

第三章　"野"之呈现：野球文化特征 …………………… 34
　第一节　优劣皆宜：野球的物质文化特征 ……………… 34
　第二节　因球而聚：野球的制度文化特征 ……………… 45
　第三节　坚守热爱：野球的精神文化特征 ……………… 56

第四章　"野"之意义：野球的文化功能 ………………… 66
　第一节　本体功能：促进中国篮球生态优化 …………… 66
　第二节　衍生功能：三位一体的篮球正能量 …………… 77

第五章　篮球职业化与产业化研究 ……………………… 92
　第一节　"野球"文化的影响力分析 …………………… 92
　第二节　篮球运动职业化 ………………………………… 96
　第三节　中国职业篮球运动与发展 ……………………… 100
　第四节　现代篮球运动发展的探索研究 ………………… 108

参考文献 …………………………………………………… 135

第一章 绪 论

第一节 背景意义

一、研究背景

我国篮球有着坚实、广泛的群众基础。据《中国篮球运动发展报告》[①](2021)统计,全国6—65岁人口中,打篮球的人口比例为10.9%,将篮球作为主要体育运动的人口比例为6.7%,在所有体育运动中位于前列。《全民健身计划(2021—2025年)》明确提出,"大力发展'三大球'运动",大力提倡举办业余联赛、普及运动项目文化、发展运动项目人口,通过健身休闲和竞赛表演产业化实现高质量发展。野球有广义和狭义之分。广义的"野球",指队伍无相对稳定建制和长期系统训练的非职业篮球赛。此种意义下,野球包括源于美国的街头篮球以及我国传统意义上的群众篮球、大众篮球、草根篮球。而狭义的"野球",则专指"有奖金的业余比赛",本研究将其称为"职业野球"。"野球"既是连接专业与非专业篮球的桥梁,又是官方篮球赛事与民间篮球组织赛事的结合点,成为促进大众篮球发展的一股新的重要力量。随着"野球帝""路人王"等风靡网络,"野球"文化超越阶层、年龄、性别,贯穿城乡,日益显现出巨大包容性和独特魅力。因此,在传统的篮球教学训练、赛事组织等研究之外,如何从"野球"现象看待当代中国篮球文化的新趋势,成为一个新颖的视角。

当下,野球已成为一个特色鲜明的体育现象。野球不仅构建着一个

---

①陈嘉堃.《中国篮球运动发展报告》发布[N].北京日报,2021—12—23.

新式的体育文化形态,也连接起体育和娱乐、竞技篮球和群众篮球,并展现出巨大的商业价值,成为职业篮球体系之外充满生机活力的民间体育市场。作为一种新兴的体育文化形态,需要发掘其成功经验,探求其生机活力的根源所在。野球作为一种个性化的存在,对当代篮球甚至体育发展起到什么作用?基于上述问题,本研究将充分运用实地考察、参与观察、深入访谈、网络资料(相关视频、节目等)分析等方法,深入"野球"文化核心,揭示其体育文化特征和功能,以期通过对"野球"新景观的透视在理论上丰富和推进篮球社会化发展研究。

二、研究意义

本研究兼具理论和实践两方面的意义。理论意义在于借助对"野球"文化的田野调查,通过解析"野球"的文化现象之特征,深化大众篮球的文化解释;通过对篮球"野球"多元功能的分析,消解篮球竞技与休闲、娱乐与商业、职业与非职业等二元对立,开辟传统篮球教学与训练、职业篮球产业发展等领域之外的研究新视野。实践意义在于研究可促使学校篮球教师反思如何吸收"野球"中,将技能提升融入休闲娱乐的理念;可促使研究者重新思考篮球产业化的民间路径,及竞技篮球与群众篮球融会贯通的可能;也可为我国体育组织的社会化提供可资借鉴的范例。

第二节 文献述评

一、概念界定

"野",新华字典给出的含义指不当政的地位,与"朝(cháo)"相对,下野、在野。"野球"既是一个名词,也是一个省略"打"字的动宾短语,即"打野球"。因现有文献极为有限,因此我们对野球的定义主要通过网络查询获得。因野球自身的复杂性,对野球定义的角度和内涵各不相同。野球

第一章 绪 论

指队伍无相对稳定建制和长期系统训练的非职业篮球活动和竞赛。从这一意义上说,除 CBA 和 NBL 共三十几支球队之外的民间自组篮球赛都可以称为"野"。野球主要分为三种:生活中常见的球类爱好者聚集到一起进行比赛的形式;有奖金的"业余"比赛;民间自发组织的非官方举办的业余联赛。

第一种是民间自发的以休闲娱乐为主要目的的篮球活动。比如,有人认为,"打野球就是篮球爱好者聚到一起打篮球比赛。"这一定义强调"彼此间素不相识"。有人从野球和街头篮球比较的角度认识野球,认为"野球和街头篮球都有一个共同的解释,即不正规形态下的篮球运动。不同的是,街头篮球讲究动作花哨,飘逸流畅且可以有职业性。而野球指的仅仅是非正式比赛形态下的篮球运动,也包括职业篮球运动员打野。"个人从事野球活动的目的也各不相同,而多以健身娱乐为主,也有竞技和提升技能的成分。因时间、地点、人员构成的不确定性,使得野球具有明显的"自由"的特征,而乐趣也正蕴含其中。从这一意义上,"一小块场地,一个球筐,一个篮球,加上几个小伙伴,就能打上一场比赛。普及率相对较高。"

第二种不同于上述以休闲娱乐为主的野球形态,也被很多行内人视为"真正的野球",即商业化运作的民间篮球赛事,称之为"职业野球"。首先,与休闲娱乐野球相同的是,这种野球没有固定的团队,没有固定的场地,流动性非常大;其次,参与其中的野球手以赚钱为目的;再次,因其本质为盈利,故野球手水平普遍较高;最后,因这种野球比普通意义上的野球水平高出很多,因此我们可称之为"职业野球"。

第三种是民间举办的业余篮球联赛。它出现在企业团建、商家店庆、甚至田间地头。野球指所有非职业的篮球比赛。如今这种比赛到处都是。广西万村篮球赛自 2006 年起举办首届全民篮球赛事,至今已成功举办六届。因比赛范围广、比赛赛制规范、在全国较具特色,被民间称为"中国农民NBA"。为提高赛事质量,广西当地政府还曾组织农民前往美国观摩NBA季前赛,开创了农民篮球运动先河。2015年,第四届广西万村篮球赛将分乡镇级、县级、市级三个阶段进行,为期9个月。赛制参照中国篮球协会最新审定的《2014年篮球规则》执行,颇具专业性。本届比赛覆盖了广西全区约80%的行政村,比赛选手限于拥有正式农村户口的农民、渔民,预估参赛人数近20万,是目前中国参赛人数规模较大的乡村体育赛事。此外,被外交部点名表扬的贵州台江县台盘乡台盘村"村BA"赛事更具代表性,其特点是与传统仪式"吃新节"相结合,完全是群众自发,无官方色彩(村委会只负责安保等,不介入赛事组织具体事宜)。据《中国篮球运动发展报告》统计,由于农村人口基数大,社区篮球具有较大的发展空间(如图1-1)。

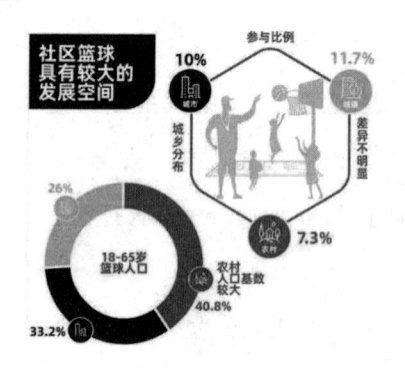

图1-1 社区篮球具有较大发展空间

二、研究现状

相关研究主要集中在四个方面。

(一)草根篮球:分析发展背景及动因,提供改善措施

学者先后通过实地调查,回答了草根篮球组织是什么,为什么会发展,怎么发展的问题,并在此基础上为中国草根篮球提供了发展策略。具体而言,草根篮球是当地篮球业余爱好者自发组织并注册的非盈利性体育组织,具有民间性、组织性、公益性等特点。草根篮球的兴盛是大众健

身需求表达、城市社会发展推动、商业媒体诉求以及公民社会发展多因素共同作用的结果。其中,组织发展、市场运作、服务创新在内的内生机制,以及构建涵盖与高校、科研单位的资源共享、与政府体育部门的多元联动的借鉴引入等的外生机制优化,是草根社会组织持续发展的关键。因此,构建完善的赛事体系、加强俱乐部组织建设以及争取政府部门的协助和支持是草根篮球发展的可行之策。

(二)大众篮球:科学定义,探讨与职业篮球的关系

大众篮球定义为广大社会成员在业余时间里广泛开展的,以篮球运动为主要手段,以强身健体、娱乐身心、不断满足人们日益增长的篮球文化需求为主要目的,促进人的全面发展与社会和谐进步的实践活动。张松奎[1]在博士学位论文《我国大众篮球运动发展研究》中详细地分析了影响我国大众篮球运动发展因素。其中包括:大众体育因素、政府及相关部门对大众篮球的重视程度、法规制度等外部因素;篮球协会与篮球组织网络建设、基层篮球竞赛活动的完善与稳定、场地及配套设施建设等内部因素。近年来随着全民健身的广泛开展,有学者关注到协调篮球职业化与大众化这两个板块之间的关系,强调我国篮球运动的职业化对篮球产业的激发与引导作用,大众化对篮球职业化、产业化的市场起到基础作用,两者相互依存,不可分割。因此应采取篮球运动职业化与大众化双轨道平衡发展路线。[2]

(三)群众篮球:梳理发展历程,深化篮球社会化研究

群众篮球运动的发展进程因与我国社会、经济、竞技篮球运动、学校篮球运动等的发展过程紧密相关而具有突出的阶段性特征,共分为五个

---

[1]张松奎.我国大众篮球运动发展研究[D].北京:北京体育大学博士学位论文,2008.
[2]梁涛.我国篮球运动职业化与大众化双轨道平衡发展研究[J].广州体育学院学报,2021(06):43-45.

历史时期①。随着群众篮球的广泛开展,学者深入不同行政区域开展篮球的社会化探究,认为应坚持"以人为本,多元途径发展小城镇篮球文化;统筹规划,科学布局篮球场地设施;协调发展,优化篮球人力资源结构;集聚效应,以赛事为媒介加强城镇联动;因地制宜,以篮球推动小城镇相关产业发展"②的发展战略。群众篮球的开展给四川藏区群众带来了积极的社会影响。即"有利于增进交流交融,促进民族团结;健全社会治理,促进社会和谐;增强身体素质,促进民生福祉;弘扬爱国主义,促进祖国统一"。"发挥政府和市场作用,建立多元化投入机制;加快篮球场馆全覆盖,提高设施利用水平;营造积极参与的氛围,推动群众篮球普及"有利于群众篮球的大力普及。

(四)农村篮球:立足田野调查,探讨动因与社会影响

实地调查发现农村篮球运动在南方地区开展较为广泛,其归因为当地具备优越的自然地理和人文经济背景。在此基础上,学者深入调查发现在"物质基础、制度保障的外在机制,和两者文化的交融和互补、共同的目的与功能的内在机制"共同作用下,农村民俗节庆和篮球运动互动效果显著,成为村落社区体育文化活动的重要模式。因此应大力保护民俗节庆,积极开展农村篮球运动,促进两者的有效结合是两者可持续发展的有效途径。扈伟③从民俗文化、经济消费和农村精神文明三个层面对民俗活动和篮球运动的互动发展进一步探究,认为两者的积极互动对东西方优势文化共融与发展,探索民俗节庆活动的健康传承和农村精神文明建设的深入发展都具有重要意义。

---

① 王家宏,钱志强,陶玉流.新中国群众篮球运动发展的史学研究[J].体育文化导刊,2003(09):30-32.
② 韩重阳,隋晓燕,张文忠,苏国庆.我国小城镇群众篮球发展研究[J].体育文化导刊,2019(06):47-52.
③ 扈伟.篮球运动融入闽南农村民俗节庆文化现象的启示[J].山东体育学院学报,2013(03):28-31.

三、问题聚焦

随着街头篮球风靡世界,中外相关研究也逐步展开。我国大众篮球成为"野球"研究的基础和先声,构成了我们回溯"野球"历史的宏观背景;国内对群众篮球和草根篮球及街头篮球的研究,为我们深化"野球"思考提供了基本的分析框架。根据为数不多的"野球"范畴研究和其他资料,可以形成对"野球"的以下基本认识:"野球"之"野"有相对于官方的"民间"之意,也有相对于专业性的"非专业性"之意,还有相对于正式、严肃比赛的"非正式""自由"之意。由此,野球与大众篮球、群众篮球、草根篮球、街头篮球既是相似概念,也有着内涵和功能上的差异,这也更加凸显了篮球"野球"的研究与其实践发展存在的较大差距。基于此,本研究通过对我国篮球"野球"兴起与发展脉络的梳理,深入野球内部的社会网络,总结"野球"的体育文化特征与独特功能,以新视角、新方法将大众篮球文化研究推向深入。

第三节 思路方法

一、研究思路

"野球"的文化特征与功能研究主要从以下三方面展开:第一,确定研究内容与框架。通过野球文献资料的收集与研究,界定野球概念,梳理野球历史脉络,分析发展动向,搭建研究框架。第二,调查研究。通过对野球参与者访谈资料与网络文献资料的整理与分析,从三个维度呈现野球的文化特征,进行逻辑解析。第三,总结与提升。通过对野球的全景描述与阐释,提炼野球的文化功能,在此基础上实现与篮球文化研究的理论对话(如图1-2所示)。

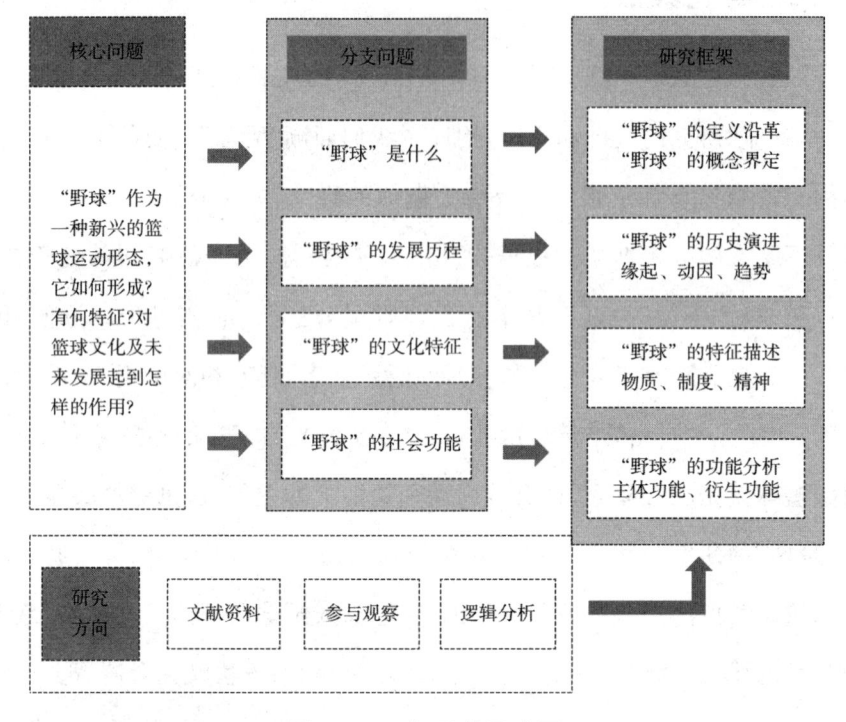

图 1-2 本研究思路图

二、研究方法

(一)参与观察法

融入"野球场",亲身参与、体验打"野球"的过程,其间对打"野球"人员进行访谈,深入了解"野球"文化。

(二)文献资料法

本研究文献资料包括网络文献、科研数据库和访谈三个来源。

第一,网络资料包括源于新闻、贴吧等网络空间的文字资料,以及各种视频网站关于"野球"的纪录片、短视频、"虎扑路人王"等节目(如表1-1所示)。

第一章 绪 论

表 1－1 网络发布的野球纪录片

名称	作者	主要内容	主要人物
中国野球纪录片随波逐流(1－3集)	王璁、彭鹏、李洪全	讲述最原生态的中国民间篮球	李本森、克里斯
非职业篮球系列纪录片(1－4集)	王璁、张剑龙	新体联成立十年历程	张佩麟、王璁、大史
无中生有(1－3季)	吴悠团队	中、美街球交流	吴悠、曹芳、王少杰
潜移默化(1－2部)	吴悠团队	体验美国街球文化；凉山黑鹰来到东单	吴悠、赵强
外籍球员漂在中国乡镇野球圈	箭厂视频	讲述野球场上的外援	王璁、Erron Maxey、CJTrotter
在贵州野球场上，玩一场"生存游戏"	箭厂视频	贵州春节期间的野球赛	王璁、翟博、高飞
破晓(上、下)	韩潮、李岩	台湾篮球文化	韩潮、唐志忠、陈建洲
我和我的城市	吴悠	吴悠组建CL战队	吴悠、叶天
十二级风	王璁	王璁选择进入职业野球圈	王璁

通过上述资料，最大限度地深入野球参与者的世界，发掘其背后的社会关系，为深化野球文化特征和功能分析奠定基础。

第二，借助中国知网收集文献资料，并进行仔细阅读、筛选和记录，从而为论文的设计和写作提供依据。

第三，通过以下步骤获取访谈资料。首先，从自身对篮球运动经历的体验出发，与身边熟悉的篮球爱好者就篮球体验和野球认识进行对谈。通过这种"对谈"一方面可作为初步调研了解野球概况，另一方面可以逐步明确研究问题；其次，通过身边的野球爱好者介绍，对其他野球玩家进行深度访谈，目的在于通过地域、年龄、技术水平不同的多元群体访谈，深入了解野球的整体面貌(如表 1－2 所示)。访谈时间为 2021 年 9 月到 2022 年 6 月，个体对谈时间从 20 分钟到 40 分钟不等。

表1-2　访谈人员基本信息

访谈人	年龄	职业	球龄
LXX	12	学生	2年
LQL	63	中学退休教师	40年
ZRM	57	务农	14年
ZHT	23	学生	10年
SX	16	学生	4年
TX	70	村主任	43年
LYL	24	学生	6年
HYK	41	企业职员	22年

(三)逻辑分析法

在文化研究中,既需要分析的逻辑理性,也需要诠释的人文情感。唐逸[①]认为,文化研究是分析与诠释的有机结合,"诠释在于寻求意义,分析在于保持逻辑理性",分析诠释方法论就是"于张力中求和谐,于矛盾中求统一"。从"主体互动、深入理解、文化交流"的文本生成意义上,文化不能预测和控制,只能"理解"。从诠释的操作方法层面,因文化意义的表达就有"未被主体意识到的层面",故"对于文本的理解,……既需要以整体、历史的观点来诠解局部与现时,亦需要以局部与现时的观点来诠解整体,再以经过诠释的整体来诠解局部;既需要以文本来理解自我,又需要以自我来诠解文本,再以新的理解进行新的诠释,如此往复循环,生生不已。"总之,分析诠释方法的最终目的在于"使文本脱离原有的传统的话语,特别是权力话语",而发现文化的深层含义。其所谓的"实用价值"(或曰"生命力")在于"或可促进文化共同体的自我意识和反省",使文化获得"自然演化的契机"。本研究致力于新兴体育文化形态"野球"的文化分析,以特征和功能分析作为核心内容,在细化研究观点的基础上提供详尽的论据支撑,避免陷于肤浅的"现状调查"和"策略研究"。

---

① 唐逸.文化研究方法论[J].学术月刊,1998(02):80-83.

第二章 "野球"缘起、动因与发展趋势

我们将近20年来出现的自由、"野性"十足的各种篮球形态统称为"野球",其发展变迁既是各种篮球形态融合的过程,也是社会商品化、网络化变迁的结果。过去十年,中国草根篮球(或称非职业、大众篮球)在厚重的篮球群众基础上出现了空前的繁荣。随着国内东南沿海经济的崛起,为大众篮球发展提供了"有钱有闲"的客观条件;篮球培训班大量出现,为青少年篮球爱好者的大量积累奠定了基础;加之二十一世纪初开始风靡一时的街头篮球的火爆和网络社交媒体的兴起,篮球以五花八门之象出现在城乡之中,受众之多、年龄跨度之广前所未有。在这一过程中,伴随着篮球的网络化和商业化,野球更加如火如荼。总之,"野球"作为一种独立的、颇具个性的篮球形态有其自身的来龙去脉,既生长于传统的篮球基础之上,也因时代变迁融入新的元素(如街头篮球、商业化的职业野球、网络传播等)。

第一节 缘起:厚重的城乡篮球传统

在中国,篮球是广受城乡民众喜爱的体育项目,很多地域一直延续着打篮球的传统。中国是世界上最早传入和开展篮球运动的国家之一,早在1895年,原天津基督教青年会大楼里就举行了中国第一场室内篮球赛,比篮球诞生地美国的第一场篮球比赛仅晚了4年。从那以后,篮球运动始终是中国人民最喜爱的体育项目之一[1]。1896年,"篮球运动开始在

---

[1] 黄祎.张卫平最大梦想曾是当厨子 50年前就称霸东单街球场[EB/OL].http://news.jstv.com/a/20171005/1507163312952.shtml,2017-10-05/2022-09-13.

北京等华北地区和上海、广州、武汉等沿海、沿江城市的青年会、大、中学校传播。"①因此武汉有着悠久的篮球传统。

1946年,闵老家乡不远就是武昌体育场,放学后经常到体育场打球。"两块渣土篮球场,经常把鞋磨都破了。就这条件,还总是人满为患,来打球的多是周边学校的学生,大家自由组队,10分钟轮换。"②

"我们也很想打正规比赛,可那时体育部门根本无力组织赛事。"作为当年蓝白队的主力前锋,闵老经历过民众乐园主办的"康乐杯"篮球联赛大场面。1948年初,民众乐园主办武汉地区男子篮球联赛。消息一出,瞬间80多支球队报名参赛。闵老说,"这应该是武汉地区首次全市性规模的篮球赛"。③

20世纪七八十年代,篮球运动风靡武汉大街小巷。1980年代初,武师汉口分院篮球队在校体育馆与交通运输部比赛。64岁的李葳说:"那是一个充满快乐的激情岁月,虽然物质不太丰富,但篮球运动风靡武汉大街小巷,人人都充满快乐。"那时,省属武汉体育馆业余体校、新华路体育场业余体校、武昌体育场业余体校和市属合作路体育场业余体校是代表武汉青少年篮球最高水平的业余体校,被称为武汉篮球后备人才的"兵工厂",湖北省篮球队武汉籍的大部分球员出自这四所学校。

"那时几所业校之间谁也不服谁,一言不合就约球,比赛特别频繁,打来打去,也没分出个高低。这些业余体校毕业的学生后来都成了各企事业单位篮球队的中坚力量,常年活跃在武汉业余篮球界,现在许多球员还在参加老年篮球的比赛和活动。"④

---

①陈新.篮球文化与篮球市场[D].苏州:苏州大学博士学位论文,2007.
②俞国伟,张琳,朱文秀.武汉草根篮球记忆[EB/OL].http://news.cnhubei.com/content/2021-10/26/content_14201357.html,2021-10-26/2022-09-13.
③俞国伟,张琳,朱文秀.武汉草根篮球记忆[EB/OL].http://news.cnhubei.com/content/2021-10/26/content_14201357.html,2021-10-26/2022-09-13.
④俞国伟,张琳,朱文秀.武汉草根篮球记忆[EB/OL].http://news.cnhubei.com/content/2021-10/26/content_14201357.html,2021-10-26/2022-09-13.

图 2-1 1955 年全国第一届职工体育运动大会开幕式上,开滦篮球队与八一篮球队进行表演比赛

在北方的山西平遥,篮球同样在城市单位中有着深厚的群众基础。

20世纪八九十年代,山西平遥有火柴厂、电机车厂、棉纺织厂,厂子和矿都有篮球队,经常比赛。古城小,当地群众说,"你除了看场篮球比赛,看看电影,看戏曲,还有什么业余活动?"①

新中国成立以来,很多城市的单位都有很好的篮球氛围,比如开滦煤矿职工篮球队在 20 世纪五六十年代就在全国打出了名号(如图 2-1 所示)。城市中除了自发组织和单位的篮球队以及职业后备队伍引领篮球风潮以外,也有像北京东单"篮球爱好者聚集地"一样的经典场所形成的篮球传统。据报道,"从 1950 年代开始,东单篮球场就是北京民间篮球高手聚集的地方,大家敬爱的张卫平指导正是在东单完成了从业余篮球到职业篮球的转变,东单的篮球爱好者还坚持认为三对三这种打法的起源就是东单。"②现在大多数球迷知道东单大多是因为街球出身的吴悠在东单举办的一系列如"日落东单""下站东单"等街球赛事活动,而其实早在

---

① 靳锦.野球江湖:你不了解的另一种中国[EB/OL]. https://www.huxiu.com/article/330148.html,2019-12-10/2022-09-13.
② 王小笨.北京街头故事[EB/OL]. https://36kr.com/p/1722827833345,2018-09-12/2022-09-25.

几十年前,东单就是北京市的群众篮球中心,只是场地条件远没有如今好,也没有今天诸多商业元素的融入。很长一段时间内,东单的水泥篮球场专供高水平专业队员使用。后来,东单的篮球场被改造、扩建,随着街头篮球的兴起及商业化,东单篮球场也融入"社会化"的潮流,开始向街头篮球手开放。随着街球的风靡,北京由吴悠、叶天等人领衔的街球群体常年在东单举办比赛,东单的影响力日益增大,于是成就了今天的"街球圣地"(如图2-2所示)。在吴悠的纪录片《无中生有》中,他将东单视为中国的洛克公园,"下站东单"就是模仿"下站洛克公园"而为赛事起的名字。

图2-2 中国街头篮球圣地东单

不唯城市,乡村篮球也有着厚重的群众基础。在20世纪50年代,山西晋南专区每乡相继开展群体活动,新绛县各乡共有篮球队73个;辽宁省金县187个村里有212个篮球队。[1] 不难想象,篮球在乡村的火热程度不亚于城市,这足以看出篮球在我国民间的普及程度之高。

下面的三则报道可以使人深刻感受篮球在大众心目中的重要性。

据《东莞体育志》记载,20世纪50年代,一位名叫李超的铁杆球迷,从莞城跑步近50公里到广州黄埔区,只为看一场家乡球队——东莞华清男篮的比赛。[2] 国庆节前,为了看今年镇里的篮球联赛总决赛,在外地经

---

[1] 张铁明,谭延敏,刘志红,高爱民,董启林.农村非正式结构体育社团的发展研究[J].体育科学,2009,29(11):23—40.
[2] 鲁浩.那些年入百万的草根篮球手[EB/OL].https://zhuanlan.zhihu.com/p/37697199,2018—06—05/2022—09—13.

营早餐店的冯忠林,提前一天就把店门关了,赶回家乡瑞昌市码头镇。"比赛办了24年,每年决赛我都一场不落。"冯忠林说,就算开车上百公里,也要回村看比赛。① 贵州省台江县台盘村今年84岁的杨爷爷,一个人从凯里坐车来到现场,带着板凳来观看贵州"村BA"。杨爷爷说,自己从小就热爱篮球,"我小时候就参加比赛,赢了拿猪蹄,现在年轻一代的生活真是各种各样的好!"②

贵州"村BA"(如图2—3所示)的火爆得益于今天网络的发达,63岁的村民朱玉昌说,"早在20世纪50年代,大屯村就开始举办篮球赛;直到80年代,比赛才改为每四年在春节举办一次的"锦标赛",近年来才改在每年的夏秋举办。"③由此看来,贵州修文县大屯村的篮球已成为村里的一种文化传统。旅菲华侨将篮球运动引入福建的同时,大量投资建设篮球场地设施,为村落篮球的发展打下坚实基础。④ 因此,闽南地区篮球运动历史悠久,其中晋江更是有"篮球之乡"之称。"一百多年来,晋江篮球运动从萌芽成长到蓬勃发展,加上现阶段全民健身运动的推广,篮球逐渐成为晋江人民幸福生活中不可或缺的一项运动。"在闽南农村,篮球已经发展成为民俗节庆活动的一部分。以晋江、石狮为例,每年村民在传统节日、生日、结婚等重大日子,都会自发组织一些篮球赛以增强节日喜庆氛围。⑤ 如在晋江东埔村,每年都会举办"金榜杯"篮球赛。之所以称为"金榜杯",是因为这项赛事是20世纪90年代为庆祝本村学生考上大学而举办。后来,这一传统一直延续至今。在霍布斯鲍姆的视角看,东浦村的"金榜杯"篮球赛是不折不扣"被发明的传统"⑥,与法国的环法自行车赛

---

① 黄浩然. 走,去村里看比赛[EB/OL]. http://news.gxnews.com.cn/staticpages/20221003/newgx633a9c90—20910756.shtml,2022—10—03/2022—10—05.
② 壹球ONEBALL. 为牛而战!贵州"村BA"有多火爆?[EB/OL]. https://www.sohu.com/a/575184530_486008,2022—08—08/2022—09—13.
③ 罗宇. 从一个小山村看乡村篮球赛的"市场化"之路[EB/OL]. https://www.sohu.com/a/574983555_267106,2022—08—07/2022—09—13.
④ 陶然. 闽南侨乡村落篮球文化研究[D]. 厦门:厦门大学硕士学位论文,2019.
⑤ 扈伟. 篮球运动融入闽南农村民俗节庆文化现象的启示[J]. 山东体育学院学报,2013,29(03):28—31.
⑥ [英]霍布斯鲍姆、T. 兰格. 传统的发明[M]. 顾杭,庞冠群译. 上海:译林出版社,2004:2.

颇有几分类似。而在广西横州市的宿龙村,村民打篮球的历史可以追溯到20世纪60年代。正如新闻报道所说:村里人没有多少娱乐节目,一个篮球就能让全村人开心。后来,经县里体育部门牵头,云表镇、校椅东墟、马岭镇和邓墟4个地方组织了"篮球联赛",春节期间相互"过招",一下子激发了当地人的篮球热情。之后,这个"联赛"年年开赛,宿龙村由此培养了许多篮球爱好者,有些有发展潜力的青少年还被选送到体校培训,而这些篮球佼佼者学成回村,又带动更多的人打篮球。如此循环不止,经过几十年的沉淀和积累,宿龙村也成为当地首屈一指的"篮球村"。①

图 2—3 贵州"村 BA"盛况

可见,宿龙村良好篮球氛围的形成是诸多因素合力的结果。首先,篮球本身"集体项目"的特点使其成员来自不同的家庭,家庭的关注加之人们的观赏性热爱,使得篮球场聚集大量的村民观看。其次,彼时我国各地经济普遍落后,娱乐活动更是屈指可数,篮球成为很多地域人们消闲娱乐的重要形式。再次,我们可以看到有"县里体育部门"的"牵头",当地政府的重视也是赛事得以举办和延续的重要原因。最后,村里篮球并非同一水平的重复,而是通过培养篮球爱好者、把有潜力者"送到体校培训""篮球佼佼者学成回村"带动更多人打球,形成了一个村落篮球发展的良性循环。由此可见,仅有传统并不够,更重要的是充分利用传统提升篮球水

---

① 静娅.广西万村农民篮球赛总决赛"黄家军"赫赫有名[EB/OL]. https://sports.sohu.com/20090926/n267014164.shtml,2009—09—26/2022—09—13.

平、进一步带动篮球风气,唯此才能在积淀的基础上使篮球真正扎根基层乡村。

综上所述,中国城乡良好的篮球氛围和传统成为当代野球的先声和基础。据中国篮协2021年12月发布的《中国篮球运动发展报告》统计,坚持3年以上(64.0%)、每次1至2小时(50.4%)、每周1至2次(55.5%)是篮球人口参与行为的主要特征。① 一方面,从"非职业"的角度,它为后来野球发展提供了"自由组队""无年龄性别限制""时空随意性"等自由的雏形;另一方面,为之后野球的兴盛积累了大量爱好者甚至是以之为业者,包括为街头篮球进入我国提供了肥沃的土壤。正因此,重庆的坝坝球才一直延续至今,贵州的"村BA"(如图2—3)才会被世人所共知,广西万村篮球联赛才能长盛不衰,各种商业运作的篮球赛事(如"红牛城市传奇"等)才能成为篮球爱好者追逐梦想的舞台,周一帆的"城市传奇"网络篮球社交平台才能风生水起。

第二节 动因:经济发展和篮球培训

首先,经济发展为野球发展提供了物质基础。如果说北方或落后地区的篮球属于纯娱乐和竞技的体育游戏,那么首开篮球商业化先河的无疑是处于改革开放前沿、先富起来的广东省。以东莞市为例,全市有篮球场5700片、体育馆57座。在打篮球这件事上,东莞人可谓"男女不限,老少皆能","从大街上随便抓一个东莞小孩问他的爱好,十有八九都会告诉你打篮球。"②不仅场地和参与者多,东莞更有着非常完备的篮球联赛体系:村镇市三级联赛递进贯通,企业联赛、机关联赛、青少年联赛覆盖多元群体。"用前国青教练王怀玉的话说:'在东莞,从幼儿园到临退休的人都

---

①扈建华.中国篮球协会——助力打造有成长性的全民健身体系[N].中国体育报,2019—04—21.
②腾讯网.在亚洲最接近NBA水准的比赛,不是CBA,是"村BA"[EB/OL].https://new.qq.com/rain/a/20220304A02MYD00,2022—03—04/2022—09—13.

有比赛可打'"①。从东莞对篮球的资金投入上,也可以看出其对篮球的重视程度,"如大井头村每年用于发展篮球的资金就高达70万元,用于球场的维护、聘请教练、球队的开支等,单单每年给村民买的CBA球赛门票,就将近10万元。"②不仅政府出钱,群众免费打球,村民免费看球,篮球高手也可以在这里将篮球技"变现"——很多私营企业主雇佣职业野球手开展民间篮球比赛,因此这里也成为"职业野球"者的天堂。

据王璁估计,70%—80%的外籍球员活跃在广东等东南沿海地区,一方面这里比赛多,致富的机会更大;另一方面就是这里生活成本不算太高,气候温暖湿润,"比较像美国西海岸。"③从王璁的描述可见,以广东为主的东南沿海之所以野球兴盛,一方面得益于其雄厚的地方经济实力,使其有能力通过政府或企业买单办比赛或雇佣球员比赛;另一方面广东的气候没有北方严寒的冬季,这使得当地人一年四季都能打球。

其次,街头篮球的兴起成为野球的重要力量。在马陌上的《嘻哈部落之街头篮球》中,我们可以发现街头篮球的精神本质,从而更能理解它如何可以融入当今的野球而成为野球不能绕过的一个部分。

街头篮球为何风靡一时,又为何成为野球的重要力量。首先,街头篮球有着独特的逻辑起点,即在充满束缚的社会中,重新认识自我后从可以自己主宰的身体入手,用运动重新建构自己的生活。其中也充满了对"体育馆不对外开放"的体制内管理的不满。其次,对广大青少年而言,街头篮球无拘无束的"自由"气息是最令其向往之处,无形中成为他们对应试教育和家庭管制抵抗的一种方式。作为"中国街头篮球第一人",吴悠不仅对街球起到了奠基性的作用,也为野球发展贡献了巨大的力量。从吴悠个人经历看,他出生于北京"大院",是典型的有产阶级,本来与源于美

---

① 腾讯网.在亚洲最接近NBA水准的比赛,不是CBA,是"村BA"[EB/OL].https://new.qq.com/rain/a/20220304A02MYD00,2022—03—04/2022—09—13.
② 王玉瑾,张成功.市场经济条件下发展广东篮球产业的研究[J].广州体育学院学报,2016(04):63—66.
③ 王璁.揭秘最具中国特色的篮球"丛林法则"—野球"WILDBALL"[EB/OL].https://weibo.com/ttarticle/p/show?id=2309404316804389411950,2018—12—13/2022—09—13.

国底层黑人文化的街头篮球有着天然的反差。但就是这样一个出身富裕家庭的人,却在对篮球的热爱中走上了追逐自由的道路。在吴悠的带动下,街球融入中国特殊的文化环境。除了精神上与美国街头篮球保持一致,在空间上,中国的街头篮球很难做到与大众篮球的隔离,因为中国并不存在美国意义上的街头文化。因此,东单这个地方除了传统的群众篮球爱好者,又多了吴悠、王壪、叶天等一众街头篮球的拥趸。除了风格上更加倾向于展示个人技巧,街头篮球无疑也融入野球之中,开始重视实战。街头篮球的很多技巧也被普通爱好者争相模仿。此外,街头篮球的临时组队的随意性和享受篮球本身的特点也与野球有着共通之处。在吴悠一代随着年龄的增长淡出球场后,他们大多转向篮球培训行业,无形中也为野球的兴盛做出了另外一种贡献。正如伯明翰学派研究青年亚文化指出的,街头篮球也经历了抵抗和被收编的过程,这一过程与街球的商业化有着重要的关联。从另一角度看,街头篮球的被收编某种程度上也是街头篮球野球化的过程。

最后,篮球培训机构、网络短视频为少年儿童提供了训练、比赛的平台和途径。近年来,篮球培训迅速兴起。一方面,篮球培训团队的壮大,一方面与我国良好的篮球群众基础有关,另一方面,高校培养了大量篮球人才,随着本科生和研究生找工作越来越难,很多在篮球方面具有一技之长的大学生选择进入培训行业。篮球培训机构培养了大批青少年篮球爱好者,进一步壮大了基层篮球队伍,也为篮球的野球化时代的到来做好了技术和人才准备(当下篮球培训如图2—4、图2—5所示)。

培训机构有社会机构和高校专业篮球学院两种。前者遍地开花,后者如上海体育学院、山东体育学院,都设有篮球学院。前者重在提升少年儿童篮球技术水平,而后者重在培养成人高水平篮球运动员和从业者。姚明在上海体育学院成立篮球学院时说到"我们要把体育想的更大一些,这样的话就会发现,我们需要各种各样的人才,不仅是运动员和教练员,还有很多幕后的人才培养,同样需要不断跟进。"

正如前所述,很多高水平业余篮球爱好者、街头篮球手和职业球员都会选择转型从事篮球培训。这是篮球培训行业技术骨干的主要来源。本质上,篮球培训是商业化运作与篮球发展的共谋和双赢。

图2-4 广东梅州市某篮球培训机构儿童篮球赛事(1)笔者拍摄

图2-5 广东梅州市某篮球培训机构儿童篮球赛事(2)笔者拍摄

正如"城市传奇"CEO周一帆所说:把业务扩展到青少年培训,就是为了培养他们心中的超级英雄,让他们从小在心里种下一颗篮球的种子,以后城市传奇的品牌就会绵延不绝,一代又一代会把它延续下去。[1]

职业篮球运动员宋晓波也表达了开展青少年篮球培训的初衷:我最初的想法很简单,就是给热爱篮球的孩子搭建一个平台,让他们接触篮球。为此我们制定了统一的训练大纲,配置了专业的教练,每周都有训练

---

[1] 占太林.城市传奇:一家被体育耽误的内容公司[EB/OL]. https://ishare.ifeng.com/c/s/v0029OGMJZ6Y2pATjAKMS9QcwgLD5NFAqDZyqfJF1U4dtoo__,2018-06-18/2022-09-22.

和比赛。①

作为职业球员,宋晓波认为中国职业篮球之所以发展不尽如人意,一个重要原因就是基层篮球发展欠佳。其实,在笔者看来,中国职业篮球陷入低谷有着多方面的原因,但从基层篮球角度,并非简单的发展欠佳,而是其发展的专业化程度不够。正如我们前面所描述的,中国基层城乡从来不缺乏篮球爱好者和打篮球、看球赛的热情,而是绝大多数人停留在"野路子"的水平,训练专业化、正规化程度远远不够。正因此,随着越来越多专业培训机构的出现,我国的基层篮球有望走上正规化的道路。

有的培训者并不停留在为篮球爱好者提供技术指导,而是从他们人生发展的角度出发,把篮球培训打造成篮球爱好者人生发展的阶梯,用篮球跟他们的学习可以帮助他们走更好的人生。在训练营中表现突出者,将被送往高中篮球传统校、CUBA 甲组大学、CBA 俱乐部进行试训。② 随着我国篮球爱好者水平的提升,很多介于职业和业余之间者从事篮球培训行业,成为很多少年儿童篮球爱好者的偶像和中国篮球梦想起航的发动机。例如林凯斌③就是以"石碣球王"袁志伟、何冠聪为偶像并进入他们开办的梵星俱乐部学习篮球,开启篮球之路的。正是有了马布里开办的"战马篮徒·马布里训练营",④不仅为篮球专业者提升提供了更高平台,也为向石学念这样的篮球追梦者提供了更大的空间,使得更多篮球爱好者参与正规化的篮球训练和比赛。

---

① 范佳元. 从事青少年篮球培训工作 25 年的宋晓波——只要热爱,那就上场吧(关注深耕基层的老教练)[EB/OL]. http://sports.people.com.cn/n1/2021/0225/c14820-32036150.html,2021-05-25/2022-09-20.

② 非职业篮球系列纪录片《莫问前程》第 4 集"勇往直前"文字整理。https://www.bilibili.com/video/BV1DX4yl1G7tU/? spm_id_from = 333.337.search-card.all.click&vd_source=6b757be28dd836d511396f9005ac235c.

③ 刺猬篮球. 10 岁开始看村赛师从石碣球王,南区决赛爆砍 30 分,可他连三星高中生都不是……[EB/OL]. https://mp.weixin.qq.com/s/35XpClxYV1IxzVSNIxDNweA,2022-07-10/2022-09-20.

④ 朱毅鹏. "村 BA"的英雄,也曾有过职业梦[EB/OL]. https://mp.weixin.qq.com/s/2UkKyghI-aQSBAoFP3aUzA,2022-08-12/2022-09-20.

对于那些落后地区不具备参加培训条件的孩子们来说,网络短视频成为他们学习篮球的主要途径。"截至 2021 年 6 月,我国乡村网民为 2.97 亿人,占全国网民的 29.4%,城乡居民互联网普及率差距持续下降。"①网络的发达使落后地区的村民也可以通过网络观看体育比赛和接受体育培训。一部手机在手即可遍览天下奇闻的今天,很多篮球爱好者甚至专业人员将自己或明星球员的篮球技术片段制作成短视频发布到抖音、快手等平台,正是这些篮球短视频使得如欧文惹等身居大山的儿童得以将欧文等人的篮球技巧模仿得出神入化;也正是得益于网络的传播,使他们有机会被山外世界的人们认识并向他们伸出援手。②

第三节 趋势:日渐优化的篮球生态

得益于野球的发展,中国篮球生态总体呈现优化之势。具体表现为中国篮球参与者的分层明晰且趋于合理化,在网络时代组织运营线上线下有机协同,篮球运动水平整体提升显著。

一、分层布局日趋合理

关于中国篮球分层,很多长期从事篮球行业的内部人士给出过看法。如著名的野球经纪人王璁将中国篮球圈归纳为 7 个圈层。

第一圈层是基数最大的篮球爱好者,他们关注篮球但较少打篮球,但却是真正的"懂球帝";第二圈层是经常打篮球但水平一般的篮球爱好者;第三圈层是水平较高的业余爱好者,但没有经过专业训练,近年来,这一群体逐渐从线下走向线上,通过自媒体传播篮球技术成为网红球员;第四圈层是高中篮球传统学校的球员,他们已经开始专业训练且每年有固定

---

① 杨向军,郭修金.城乡体育融合发展的历史契机、内在机理及路径选择[J].体育学研究,2022,36(02):65—74.

② 搜狐."黑鹰少年"欧文惹——原来篮球,真的是可以改变命运的啊[EB/OL]. https://www.sohu.com/a/496007110_120068921,2021—10—19/2022—09—15.

的比赛,他们大多数人以进入CUBA为目标;第五圈层是CUBA和各职业队的青年队球员(或称"二线球员"),他们以CBA职业联赛为目标;第六圈层是"职业野球"球员,既有国内球员也有国外球员,国内球员有2015年之前CBA未实行选秀时,不能进入CBA的高校球员,后来也有主动或被动从CBA降格打野球的,国外球员既有前NBA球员,也有NCCA球员,或者在CBA打过球的;第七圈层就是CBA和NBL等职业篮球运动员。①

刘浩则按照技术水平对中国篮球圈层提出自己的看法,认为包括草根篮球、街球、大学生篮球、野球、职业②五个圈层。

王璁和刘浩的分层法各有道理,也存在明显的问题,他们所谓的"野球"是我们所说的"职业野球",它包括校园篮球手、职业球手、基层高水平篮球爱好者流动的团体。因此,不宜将"职业野球"作为一个专门的圈层。根据当前篮球参与者的技术水平,我们对中国篮球的圈层进行了重新划分,并可以在这一划分体系中确定"野球"的位置(如表2—1)。

表2—1 本研究"野球"概念范畴

	技术水平	商业化程度	职业化程度	体制	代表人物
1	NBA	6	最高	体制内	贾森·威廉姆斯(白巧克力)
2	CBA	5	较高		曹岩
3	CUBA/NBL	4	较低		王璁
4	街头篮球	3		体制外	吴悠
5	爱好者(高手)	2			石学念
6	爱好者(普通)	1			孔祥振

---

① 董振杰,尹航."野球圈"里的篮球背包客[EB/OL]. https://www.163.com/dy/article/GGTMHGRQ0534JESX.html,2021—08—08/2022—09—20.

② 靳锦. 野球江湖:你不了解的另一种中国[EB/OL]. https://www.huxiu.com/article/330148.html,2019—12—10/2022—09—13.

从表 2-1 可见，我们按照技术水平将篮球分为 6 个圈层。其中，之所以将 NBA 纳入，是因为 NBA 球员与中国篮球圈已经有着很深的关联，包括从 NBA 进入 CBA 的球员（如早期的吉辰和后来的马布里等）、从 NBA 到中国乡村打"野球"的球员等。因为 NBL（男子篮球联赛）影响力较小，技术水平与 CUBA 相当，故将其归于同一圈层。街头篮球是一个较为特殊的存在，我们没有像王瑽一样把高中篮球传统校单独列为一个圈层，因为我们认为高中传统校在人员构成上既有青少年篮球爱好者中的水平较高者，也有街头篮球的佼佼者。图中蓝色三角区域代表广义上的"野球"，黄色三角区域代表狭义上的"野球"，即行内所说的"有奖金的业余篮球比赛"。蓝色区域之所以深入 CBA 和 NBA 职业篮球区域，是因为职业球员偶尔也进入非职业的场合"与民同乐"，正如休赛期詹姆斯、哈登等去"打野"；黄色区域之所以触及"爱好者（高手）"，是因为作为以赚钱为目的的"职业野球"成员中也有水平较高的本地选手。

从当前我国篮球的整体生态看，具有以下特点：第一，职业篮球与非职业篮球交融融合的趋势越来越明显，这主要得益于"职业野球"市场的日益扩大；第二，篮球爱好者上升的通道逐渐畅通，这与 CUBA 影响力日益扩大有关，也与 CBA 在姚明上台后进行草根选秀有关；第三，街头篮球作为一种外来文化形态，已经融入中国篮球的特殊环境，起到承上启下的作用。当然，中国篮球从底层通往顶层的道路的畅通性仍然存在各种各样的问题，但非职业篮球已然在"自娱自乐"中将爱好和金钱进行了自动、合理的调适，年轻人在理想和现实的纠结中能够找到适合自己的篮球之路。从这一点看，可以说，中国篮球的分层布局日趋合理。

二、线上线下有机协同

随着互联网的迅速普及和基层篮球的日益火爆，二者在当下时代构

第二章 "野球"缘起、动因与发展趋势

成了有机的耦合（如图2-6）。柴云梅认为，"篮球产业和媒体产业之间存在着一种深层联动的关系，两者相互依存，共同发展，媒体产业不断推动篮球产业的发展，新的传播模式使篮球运动与媒体的结合越来越紧密。"[1]其中，短视频和直播成为非职业篮球爱好者的展示平台和盈利的主要渠道。正如有报道所说：视频时代来临，理想与生活，似乎可以开始兼容。靠教人打游戏都能赚钱的今天，用爱好变现似乎也不再是难事。[2]

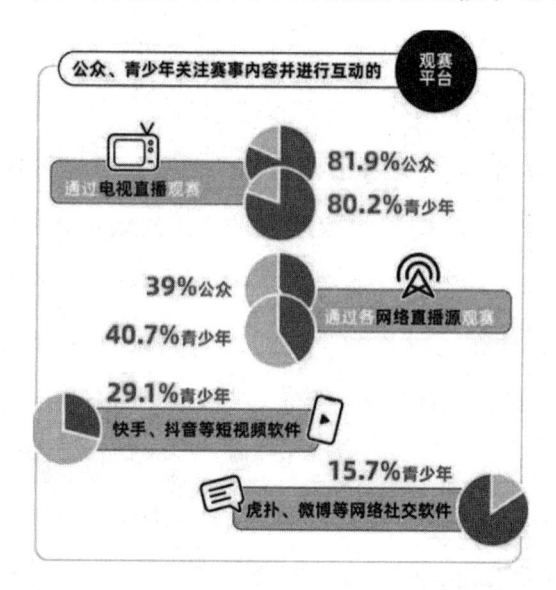

图2-6　2021年发布的《中国篮球运动发展报告》中的统计数据

随着互联网尤其是短视频的兴起，"野球"可以迅速为大众所熟知，野球帝、瓷器厂、AirChina等民间篮球厂牌[3]迅速崛起。网络成为机构和个

---

[1]柴云梅.篮球产业与媒体产业深层联动关系研究[J].体育文化导刊,2016(08):122—126.
[2]一本黑.在农村打野球年入百万？CBA队员看了都说香！[EB/OL]. http://www.wuliao.net.cn/rewentuijian/202111/zainongcundayeqiunianrubaiwan_CBAduiyuankanliaodushuoxiang__13939.html,2021—11—05/2022—09—20.
[3]注：厂牌一般指公司或工厂的品牌标识。篮球厂牌是由篮球爱好者组建的团队用来向外界介绍自己的一种"标识"，其代表了一个团体或队伍,强调自己的篮球技术风格，彰显个性。

人推广篮球和盈利的主要渠道,大量"篮球网红"为篮球运动的推广做出了重要贡献,同时构建了一个贯通线上与线下的篮球空间。

  网络短视频时代的来临也大大拓展了"野球"手的盈利渠道。因为职业野球手往往是技高一筹的"高手",他们的比赛或技术教学视频更能够吸引人气。他们把短视频发布到网络,更能收获粉丝,获得更多的流量。此后的"带货"等盈利方式也就接踵而至。如果球员有幽默天赋,口才再好一些,他们的收入会比远走异乡打球赚钱来得轻松。线下的勤奋苦练是获得线上成功的重要基础。人称"头盔哥"的郝天佶是一个街头篮球的痴迷者,在没有人指导,完全凭着对篮球的热爱跟着视频自学,最终以炫酷的头盔、华丽的运球、幽默的球风获得球迷的认可。在"路人王"比赛中,他更是拿下46个冠军。"头盔哥"作为一个"有准备的人"自然地成为网络粉丝追捧的对象,如今粉丝量超过200万,成为很多年轻人学习的榜样。从线下的苦练者成就线上的"红人"后,他又回归线下,建立了自己的篮球馆和运动品牌。正如矣进宏所说,通过"快手",各行各业里技艺出众的普通人,都可以找到属于自己的舞台,而不再只是坐在台下为别人喝彩。也正是"快手",给这些来自天南海北,有着共同热爱的普通人,架起了桥梁,让他们有机会相识相知,切磋交流。① 网络可在"无心插柳"中让某地的篮球成为万众瞩目的焦点。成都的大源篮球场(如图2—7所示)起初只是一个普通的篮球爱好者的聚集地,赵三浪作为"夜幕大源"的发起者,也没有想到有朝一日大源球场会火遍全网。在打篮球之余,"闲着没事就开始直播",结果大源球场成为网友追捧的成都篮球圣地,后来很多知名球手都慕名而来,其中包括一些CBA、CUBA的专业球员和网红球员。赵三浪介绍:"仅2022年6月15日一晚,直播间观看人数同时在

---

  ① 杜金城.国民篮球巅峰赛"点燃青岛篮球热潮"草根篮球达人"为 CBA 总决赛预热[EB/OL]. https://www.163.com/dy/article/FJOLEP7R0550EWRZ.html,2020-08-11/2022-09-20.

线高达一万多,总观看人数33.8万,加上其他账号,一晚直播下来,有近50万人次观看,超过了99%的同级别主播。"①在《这!就是灌篮》中,方良超一记创新性十足的扣篮引发巨大网络反响,视频传到美国,奥尼尔的大儿子沙里夫及加拿大说唱巨星德里克等人都为之拍案叫绝。②在美国篮球文化的时代,方良超赢得了美国人的认可和尊重。这既是方良超个人努力的结果,也是当今网络发达的必然。如同大多数球手,火遍国内外网络后的方良超创办了上海Influence街球队,致力于街球的推广。

图2—7 成都大源中央公园篮球场

基层"野球"的组织者也主动运用网络扩大本地篮球赛事宣传。在宁夏,村民不仅可以通过网络观看高水平的NBA球赛大开眼界,也将自己的球赛(宁夏第四届农民篮球争霸赛决赛)通过网络进行直播。"每天都有20多万人在线观看赛事直播,最高一天达到28万人,观众范围覆盖整个西北。"③除了直播,他们还模仿央视,不仅有网络直播解说,还有专门的人负责与线上观众互动。这种情形已经成为如今中国基层篮球圈的"基操"(即基本操作之意)。在北京的五棵松体育场,"全明星夜赛"从2016年起就进行线上与线下互动,不仅丰富了球迷的观赛体验,也为赛

---

① 张肇婷.大源坝坝篮球成新晋网红打卡地 背后:网络效应点燃市民运动激情[EB/OL].https://www.sohu.com/a/558274546_116237,2022—06—17/2022—10—05.

② 程访天爱娱乐.牛逼!中国街球手爆全美!这极限操作太炸了![EB/OL].https://www.163.com/dy/article/F85R03K905372SRL.html,2020—03—20/2022—09—30.

③ 马思嘉,黎广滔.一颗"沸腾"的农民篮球[EB/OL].https://www.chinaxiaokang.com/wenhuapindao/tiyu/2021/0709/1198470.html,2021—07—09/2022—09—22.

事作了宣传,吸引了很多大牌球员加入,增强了赛事影响力。即便是在穷乡僻壤的贵州,"村 BA"也将网络直播用到极致(图 2-8)。据报道,"'村 BA'开赛以来包括人民日报、新华每日电讯、新华网、环球网等 50 多家新媒体对比赛进行了平台分流直播,直播时长达 70 多个小时,累计观看人次超过 8 亿。"① 现代篮球与"土气"球员和传统的"吃新节"的有机融合对网友的吸引力似乎更大。

图 2-8 "村 BA"网络直播截图

网络时代也为有篮球梦想的青少年提供了天然的"课堂"。最突出的事例,就是从贵州大山走出的小球王欧文惹。欧文惹的华丽、实用的技术令人赞叹,但殊不知他的技术学习途径完全来源于他的启蒙老师的一部手机。他在练球之余沉迷于网上欧文的技术短视频,看完后无数遍地重复练习,和小伙伴实战,最终成就了与其年龄不符的成熟球技。② 也正是得益于网络,欧文惹和他的篮球伙伴们才为外界所知,尤其是被吴悠知道

---

① 黔东南统一战线.50 个平台直播 100 家媒体关注 8 亿人次观看 黔东南"村 BA"赛出民族团结新气象[EB/OL]. https://mp.weixin.qq.com/s/l8FemL8CMsMEhZZCWEA7Lw, 2022—08—17/2022—09—30.

② 沐秋.12 岁的凉山欧文惹:贫穷也不能阻止我灌篮绝杀[EB/OL]. https://www.thepaper.cn/newsDetail_forward_15167545,2021—11—02/2022—09—20.

后给他们提供了巨大的支持和帮助,使他们走出大山,看到更大的篮球世界。欧文惹是网络时代的幸运儿,但对于家境和所在地域并不落后的篮球爱好者来说,网络是他们便捷地学习篮球的途径。如王阳、石学念、张家成等人从小就沉迷于手机中的篮球高手视频中。

除了个人和乡村篮球运用网络进行学习和宣传,城市中的篮球组织更是线上线下有机融合典范。这方面,"野球帝"(即深圳野球帝体育文化有限公司)最具说服力。作为一个以篮球为主题的公司,野球帝集中了40多名非职业的篮球高手,他们个性鲜明、球技高超,如今已成为拥有9000多万粉丝、视频传播量达到500多亿次的团体(图2—9),在新媒体领域备受瞩目的这样一支球队就是"野球帝"。在接受陕西广播电台访谈[1]时,王旭提到了他们的线下生活的"秘诀":"真实感一定要有,主要还是以记录自己平时的这个状态生活为主。"徐通也强调"大家都是在做自己的一些生活最真实的状态,也没有说是刻意地去演绎着什么东西。"从"野球帝"发布的网络短视频看,的确如王、徐二位所说,他们线下并非刻意的表演,而是用真实的球技、互动和亲和力获得篮球爱好者的青睐。当这些基于扎实基本功和较强亲和力的视频发布后,网友会体验到强烈的"代入感,真实感"。在俘获庞大的粉丝团后,他们也将业务拓展到球鞋和篮球用品的带货方面。基于巨大的社会影响力,他们也经常走向校园和街头与粉丝进行面对面的互动。如此,线上、线下、娱乐、盈利在"野球帝"中相得益彰。"城市传奇"则更加依赖网络,"通过数据把一些篮球爱好者匹配到一起,上到中央机关、中直企业,下到偏远村镇的篮球运动爱好者"[2],实现了爱好者地域和阶层的最大化。

---

[1] 2022年5月"野球帝"成员王旭、徐通接受陕西广播电台访谈视频整理。https://www.ixigua.com/7096016505711788581.

[2] 占太林.城市传奇:一家被体育耽误的内容公司[EB/OL]. https://ishare.ifeng.com/c/s/v0029OGMJZ6Y2pATjAKMS9QcwgLD5NFAqDZyqfJF1U4dtoo__,2018-06-18/2022-09-22.

图 2—9 "野球帝"核心成员

三、整体水平迅速提升

2014年10月,国务院发布《关于加快发展体育产业促进体育消费的若干意见》,各种社会资本快速进入体育行业,极大推动了野球的商业化进程。

从二十一世纪初开始,野球伴随商业化的深入整体水平不断提升。这种提升首先表现在赛事的正规化方面。参与武汉市城市超级联赛的吴浩提及,在NBA于20世纪80年代末进入中国后,各种商业赞助的篮球赛日渐增多,阿迪、耐克等商业巨头纷纷赞助各种比赛。比赛球员身份日益多元化,按年龄分组,也有了普通的社会组,退役球员也大批加入促进了技术水平的提升。有过20多年野球经历的吴浩感慨道:"跟20年前比,现在武汉业余篮球的条件已经太好了。无论是比赛规模,竞赛组织,裁判,装备,场地条件,各方面都在向职业化靠拢。"① 比如,"中国体育彩票杯"宁夏第四届农民篮球争霸赛的球场为可容纳2000多人的室内场馆,电子记分牌、智能篮球架、场外大屏幕一应俱全,此外还开设了四条线

---

① 俞国伟,张琳,朱文秀.武汉草根篮球记忆[EB/OL]. http://news.cnhubei.com/content/2021—10/26/content_14201357.html,2021—10—26/2022—09—22.

上直播线路，比赛的专业性程度不输 CBA。① 在五六年前，天津理工大学业余比赛的球场上就架起直播摄像机，场外观众可以通过手机观看比赛并查看实时数据。② 华熙 B·One 联赛秉持"采用职业化标准打造群众性篮球联赛"的宗旨，为球员提供专业化的球场服务，从专业更衣室、技术统计到球员秩序册资料提供、医疗康复等一条龙服务。③

其次，球员技术水平迅速提升。这主要得益于职业运动员向野球场的流动。华熙 B·One 联赛参赛球员不仅业余高手云集，NBA 退役球员、现役 CBA 和 CUBA 球员都现身赛场，如 CBA 浙江广厦队的林志杰、李京龙，CBA 外援威尔·麦克唐纳以及前 NBA 火箭队球员杰梅因·泰勒等。④ 这种职业球员"下移"的情况更多地出现在民间举办的以盈利为目的的野球赛事中。乡村比赛众多且水平不断提高，外聘高水平球员的需求日益增长，因此带动了城乡间的"人才流动"。从晋江走出来的 CBA 球员龚松林，在福建队打出名堂后，依旧是"野球"场上的常客，一个晚上要赶两三场比赛是常有之事，"车就停在村外等着，比赛打个半场，把比分拉开，衣服都来不及换，就坐车赶去下一场"⑤。"为村而战"的故事依然在如今的明星球员身上循环。无论在贵州、广东还是福建、甘肃、山西，整支队伍由黑人组成的情况并不少见。武汉篮球城市超级联赛从第二届开始出现了黑人外援，从留学生发展到专业球员。"那几年，各俱乐部各显

---

① 马思嘉，黎广滔. 一颗"沸腾"的农民篮球[EB/OL]. https://www.chinaxiaokang.com/wenhuapindao/tiyu/2021/0709/1198470.html,2021－07－09/2022－09－22.

② 篮球 Basketball. 监狱球王李·本森的中国野球故事[EB/OL]. https://www.sohu.com/a/194910105_597698,2017－09－27/2022－09－22.

③ 搜狐体育. 华熙 B·One 联赛[EB/OL]. https://sports.sohu.com/20170807/n505757251.shtml,2017－08－07/2022－09－22.

④ [同上]

⑤ 肖榕. 根植厚土，"村BA"江湖里的晋江故事[EB/OL]. http://www.fj.chinanews.com.cn/news/fj_2022_wh/2022/2022－09－19/509846.html,2022－09－19/2022－0925.

神通吧,有请外援的,有请 CBA,CUBA 选手的。那时竞争是最激烈的。"①即便是在"粤联赛"这样的官方举办的赛事中,也对外援人数不加限制。比赛整体水平的提升使得篮球的火爆程度也大幅提升,既带动了商业化的球市,也激发了更多青少年从事篮球运动的热情。

表 2-2 中国知名民间篮球厂牌

名称	成立年	地点	主要成员	主营业务
野球帝	2019 年	深圳	徐通、李观洋、王翔	文化产业项目投资、文化活动组织策划、品牌企业形象策划
瓷器厂	不明	北京	曹芳、曹岩、杨政	参加国内各种"野球"比赛
新体联	2009 年	北京	张佩麟、王璁、翟博	篮球培训;参加国内各种"野球"比赛
广东 67	不明	佛山	钟显超、麦子健、张智渊	参加国内各种"野球"比赛
北京 ISO	不明	北京	赵强	参加国内各种"野球"比赛
厦门 AG	不明	厦门	王增杰、张鸿林、吴泽建	参加国内各种"野球"比赛
AirChina	2016 年	不明	韩雨洋、姜文健、杨浩	致力于专业弹跳扣篮训练营培训,致力于打造国内第一扣篮天团
DunKing	不明	不明	陈登星、矣进宏、张健豪	中国最强的扣篮团队,参加全国扣篮表演比赛

野球整体篮球水平的提升与民间篮球厂牌的兴起也有关系。(如表 2-2 所示)近年来,如野球帝、瓷器厂、AirChina、Dunking 等随着网络传播的加速被篮球爱好者熟知。这些知名厂牌的篮球团队成员成了一大批

---

① 俞国伟,张琳,朱文秀.武汉草根篮球记忆[EB/OL]. http://news.cnhubei.com/content/2021-10/26/content_14201357.html,2021-10-26/2022-09-22.

青少年心目中的篮球偶像，他们拍摄的技术类视频对提升青少年爱好者水平起到了重要作用。一位经常打篮球的小学生说，"我最喜欢'小钢豆'陈一帆，我的动作都是跟着他的视频学的。"这些厂牌在篮球普及上有着超前的视野，正如"新体联"发起者之一王璁所说，虽然新体联是一支非职业球队，但是要运用一些职业俱乐部的思维培育这支球队，培养这些球员。我觉得这才是作为新体联这样的一个非职业篮球圈层的一个风向标的球队应该做的事情。[①]

正是得益于商业资本介入和职业球员向下流动等方面的因素，民间"野球"赛事可以与职业比赛相媲美。例如，"红牛城市传奇争霸赛"从赛前的包装表演，到比赛的过程，完全与职业比赛如出一辙，总赛程持续4个月，包括16个城市1500多队近20000人参加的3000多场比赛。从赛事组织层面，民间"野球"已然走向专业化。[②] 不难想象，正是中国野球整体的专业化、正规化的迅速提升，才为无数篮球爱好者提供了任意驰骋的空间。

[①] 董振杰，尹航."野球圈"里的篮球背包客[EB/OL]. https://www.163.com/dy/article/GGTMHGRQ0534JESX.html,2021－08－08/2022－09－20.
[②] 搜狐体育.红牛城市篮球传奇从这里开始享受到篮球的快乐[EB/OL]. https://sports.sohu.com/20150924/n422034684.shtml,2015－09－24/2022－09－22.

第三章 "野"之呈现：野球文化特征

从"非职业"的意义上，野球具有"不正规""随意""不专业""自由"等意象；从职业野球的意义上，野球具有"江湖""奔波""辛苦"等意义。为使论述逻辑清晰顺畅，本研究依据公认的物质、制度和精神的三个文化层次划分，来呈现野球的文化特征，从不同角度诠释野球之"野"。

第一节 优劣皆宜：野球的物质文化特征

从物质层面，野球在参与者水平、角色，场地设施，比赛规模上具有巨大的差异。

一、水平参差角色多元

野球涉及职业篮球之外的所有层次的篮球群体，其参与者既包括"菜鸟"级别的一般爱好者，也有以打野球赚钱维生的高水平球员，还有科班出身的校园球手和街头球手，这就使得野球群体角色鱼龙混杂，技术水平参差不齐。

以休闲娱乐为主的野球场上，因为球员绝大多数没有接受过专业训练，技术动作五花八门，成为野球场上的一道风景。据山东省滨州市一位经历过农村篮球历程的中学老师说："那时候就是打着玩，知道些基本的规则就比赛，其实比的就是谁身体素质好、投篮更准，不像现在那么多花哨动作。"网络上流传着不同年代人打篮球风格的对比视频，80前的"老同志"中规中矩，重视团队配合；"80后"简单直接，以跳投为主；"90后"则比"80后"花哨了很多，投篮方式也更多样；"00后"则深受美国 NBA 球星和街球影响,重视过人的过程,通过单打突出个人能力。尽管现在篮球整体水平比几十年前有很大提升,但现实中以娱乐为主的民间篮球仍然绝活各异。比如70多岁的杭州"勾手老大爷",自称"卧佛昆仑僧"的他有着一手几乎不可能被封盖的外线勾手三分绝活;李岩以发狠一般的怒砸篮板的打板入筐绝活被网友称为"砸哥";还有更为令人目瞪口呆的双手持球从背后向前抛球投篮的成都篮球爱好者"投石车",等等。在这些令人感到怪异的篮球爱好者风靡网络的同时,我们可以看到,野球是一个有着巨大包容力的空间,只要抱有对篮球的热爱,无论什么动作都可以享受篮球的乐趣。在"砸哥"李岩那里,之所以选择怒砸篮板,除了彰显自己的特色,还有释放压力的作用。固然,篮球爱好者五花八门的动作反映出底层篮球技术的专业化任重道远,但野球之所以"野",就在于参与者并不在乎专业性,他们更多的是享受篮球带来的自由和快乐之感。

相比之下,街头篮球和职业野球手的水准明显要专业很多。民间比赛因为形态和组织形式各异,球手水平差异较大,正如程屹所说,"民间比赛的参加者很多不是从小接受训练的人员,体质千差万别,运动的知识匮乏,对所参加活动和自己的身体情况认知不足……"[①]但正如前所提及,街头篮球本身以钻研动作见长,所以街球手大多有比较扎实的运球、投篮的基本功。街球手十分强调个人风格,因此我们可以看到"头盔哥"的代表性动作"无敌风火轮",平常心孟亚东擅长具有戏耍性的穿裆过人,而叶天则以华丽的球风被网友冠以"亚洲第一半截篮"的称号。专门以赚钱目的的野球手因为很多有专业的背景,所以他们的区别主要在于技术风格,而不存在明显的专业和业余之分。之所以如此,是因为在野球领域有很多"半职业"的篮球爱好者,他们往往对篮球有着常人不具备的执着,把篮球视为生活的一部分,甚至当作毕生从事的事业(如吴悠)。另外,篮球群体的正规化和商业化也为高水平篮球爱好者提供了平台,如爱好者熟知的野球帝、新体联等厂牌就聚集了很多有篮球梦想又无法进入职业体系

[①]董振杰,尹航."野球圈"里的篮球背包客[EB/OL].https://www.163.com/dy/article/GGTMHGRQ0534JESX.html,2021－08－08/2022－09－20.

的爱好者。他们对篮球的推广和普及对青少年的影响巨大。

表 3-1 野球手代表性人物

姓名	出生年	籍贯	主要贡献	备注
吴悠	1985年	北京	中国街球第一人，创办全国街球赛事，推广中国街球文化	街球手
钟显超	1995年	广东	中国草根转职业球员第一人	街球手
曹芳	1991年	北京	为CUBA球员提供另一条篮球道路	前CUBA球员
王瑰	1984年	北京	著名野球经纪人，促进职业野球的发展	前CUBA球员
黄宇军	1993年	福建	成为草根球员追求梦想的动力	草根球员
郝天估	1993年	南京	为草根篮球发展助力	草根球员
石学念	2001年	贵州	成为草根球员追求梦想的动力	学校球员
李·本森	1973年	美国	游走国内各大野球赛事，带动职业野球发展	前CBA得分王
曹岩	1991年	北京	参与野球赛事，带动野球技术水平的提升	前CBA球员

如今，野球参与者的角色十分多元，既有专业者，也有纯业余者，还有半专业的CUBA、街头篮球高手。（如表3-1所示）因为野球是自由组队，参与者既可以是专业人士，也可以是公司职员、退休职工，甚至外卖小哥等等。总之，在野球的世界里，既有欧文惹那样大山里贫穷的孩子，也有城市里新潮的少年；既有学生，也有自由职业者。只要双方同意，一场比赛随时可以进行。如成都大源篮球场不仅仅是业余篮球爱好者的聚集地，还常有职业球员甚至明星球员加入，"在这里打球，有机会与高手、达

人过招,甚至可能赢球。"①野球的包容性还体现在越来越多女性球员的加入上。黄女士是夜幕大源球场上的篮球爱好者,尽管身体娇小却依然坚持打球,在球场上也常看到"女生们自己组队挑战男生,尽管实力差距很大,但大家拼尽全力。"②在贵州的"村BA",有专门的女篮比赛。女性球员也可以与男性球员同场竞技,如有5年球龄的女球员Stephanie说,现实中女生篮球比赛较少,更少有机会与男生比试。而2019YYsports斗到底3X3城市争霸赛给她提供了与男性球员同场竞技的机会。男女同场竞技之所以能够成为现实,主要因为规则的改动——女子球员得分翻倍。③这样的赛事极大地调动了女性篮球爱好者的积极性,也将女性从事篮球活动的场域从校园拓展到更广阔的校外。如今,在网络上,我们也可以看到很多女性成为篮球网红,如"哎哟薇""小野"等。"平常心"孟亚东等人也经常拍摄一些和女性篮球爱好者单挑的视频。野球圈女性爱好者的增多,可以有效带动女孩少儿学习篮球的积极性,极大地扩大篮球的受众。

二、场地设施良莠不齐

野球涵盖空间极广,从乡野农村到繁华都市,也正因此,场地设施差异极大成为其显著特征之一。首先,场地存在着城乡差距。社会的物质生产水平从根本上决定着体育运动发展的规模和速度。④改革开放初期,城市篮球场几乎都是水泥球场和木质篮板,篮球馆仅在少数经济发达地区开始建造。部分城市建了一批灯光篮球场,成为这一时期的一大特色。⑤据武汉篮球爱好者李葳说,在20世纪70年代中期,当时的长航海

---

① 张肇婷.大源坝坝篮球成新晋网红打卡地 背后:网络效应点燃市民运动激情[EB/OL]. https://www.sohu.com/a/558274546_116237,2022-06-17/2022-10-05.
② [同上]
③ 中华全国体育总会.野草、野球、野蛮生长,中国篮球敢野更敢斗到底![EB/OL]. https://www.sport.org.cn/industry/2019/0920/290809.html,2019-09-20/2022-09-20.
④ 卢元镇.体育社会学[M].北京:高等教育出版社,2001:50.
⑤ 王家宏,钱志强,陶玉流.新中国群众篮球运动发展的史学研究[J].体育文化导刊,2003(09):30-32.

员俱乐部,就有极为少见的灯光篮球场,虽然只是露天场地挂上大灯泡那么简单,但让李葳感叹"羡慕嫉妒恨"。① 大约同一时期,由于山势所限,云南麻栗坡县城的部队仅能在一块长约20米、宽则一头近14米、一头不足12米的梯形球场过过"篮球瘾"。② 当前,篮球场地因地方经济水平也差异悬殊。在改革开放的前沿城市东莞,其篮球场地的充足可谓全国首屈一指:超过20000个篮球场地,标准比赛场地近2100个。仅中堂镇袁家涌村就有10个篮球场,其中6个是灯光球场。③ 相比之下,在广东梅州的乡村,拥有室外篮球场地的村庄不足一半。

随着篮球社会化、商业化的深入和国家全民健身的深入实施,篮球场地条件得到极大改善。比如"城市传奇"作为一个网上篮球约战平台,会给参与者提供较好的场地条件。他们将城市社区、学校场地进行有效整合,通过资本运作的方式提供给客户,最终场地费用由约战双方队伍平摊。④ 在我国深入实施全民健身工程的今天,绝大多数农村的土球场都变成了干净整洁的水泥或塑胶球场,自制篮板也换成了正规厂家生产的篮板(如图3-1所示)。通过各级政府的努力,2020年底,"贵州实现了全省15168个行政村农体工程全覆盖,为乡村办赛创造了物质条件。"⑤ 即便是村落的篮球场地,也随着商业化野球的风靡而大幅改善,为了办好一场球赛,老板会出钱修缮场地,有的地方也会以村民集资的形式改善场地条件。当然,场地的简陋并不代表比赛水平差,尤其是商业化的野球赛事更是如此。比如2019年夏季福建晋江第十四届"金榜杯"云集了北京

---

① 俞国伟,张琳,朱文秀.武汉草根篮球记忆[EB/OL].http://news.cnhubei.com/content/2021-10/26/content_14201357.html,2021-10-26/2022-09-22.

② 郑蜀炎.一个只能打半场球的三角形篮球场 我为何至今记忆犹新[EB/OL].http://www.81.cn/yw/2022-05/11/content_10154035.htm,2022-05-11/2022-09-20.

③ 鲁浩.那些年入百万的草根篮球手[EB/OL].https://zhuanlan.zhihu.com/p/37697199,2018-06-05/2022-09-13.

④ 占太林.城市传奇:一家被体育耽误的内容公司[EB/OL].https://ishare.ifeng.com/c/s/v0029OGMJZ6Y2pATjAKMS9QcwgLD5NFAqDZyqfJF1U4dtoo_2018-06-18/2022-09-22.

⑤ 罗宇.从一个小山村看乡村篮球赛的"市场化"之路[EB/OL].https://www.sohu.com/a/574983555_267106,2022-08-07/2022-09-13.

大学,厦门大学等CUBA豪强,尽管场地一般,但场面异常火热(如图3—2所示),"仿佛加个顶棚就是NBA现场"①。

图3—1 滨州市李庄镇齐口村篮球场 笔者拍摄

图3—2 第十四届"金榜杯"赛事的航拍

其次,场地存在专业和非专业的差距。很多CBA球员打野球挣钱,对他们来说野球场地与职业赛场的差距令其印象深刻。用王璁的话说,"野球对场地的要求只有一个——地上没有刀子就成。"②作为资深的职业野球经纪人,王璁曾描述"生涯最烂"的农村篮球场地,"土渣子地面,掺着石子、煤灰,没有塑胶,没有水泥,地上没有标线,篮架是写着'体育彩票

---

① 篮球客.中国"野球圣地"开创民间篮球专业市场化运营新纪元![EB/OL]. https://www.sohu.com/a/327575165_670165,2019—07—17/2022—09—22.
② 王璁.揭秘最具中国特色的篮球"丛林法则"—野球"WILDBALL"[EB/OL]. https://weibo.com/ttarticle/p/show?id=2309404316804389411950,2018—12—13/2022—09—22.

赞助'的那种,球拍在地上尘土飞扬。"①其实,对于出生于50年代农村的人来说,这样的场地已经算不错了。据L(男,63岁)说,"那时候球场是土的,因为经常下雨,场地坑坑洼洼,地干了以后在上面打球,你就不能多运球,因为球根本不按你预想的方向跑。……就那样,照样打。"商业野球"比赛场地也是多变的。可能是水泥的,也可能是塑胶的,有室内的,也有室外的。"②在王璁经历的贵州野球场上,因为下雨"地上全是泥巴,比赛照样进行,球员们不得不戴手套打球。甚至,有时球场上会突然蹿出两头猪,球员不仅要运球过人,还要'运球过猪'。"③从CBA转入野球领域的徐树森在贵州山村雨中的篮球场地打球,抱怨到"运球运不动,投篮也投不出",只能"望篮兴叹"。④ 场地条件较差也增加了球员受伤的风险,也成为野球手真实生活需面对的一部分。

当前,在我国野球如火如荼的同时,篮球场地更加显得不足。贵州"村BA"比赛期间,据台盘乡政府统计,"在4天的比赛时间里,场均观众超过1.5万人。因场地限制,每天未能进入现场而在外围徘徊的群众超过1万人。"⑤当地村民吴寿勇回忆,他小时候老球场的篮板都是木制的,也没有看台。⑥尽管现在当地的篮球场地条件有所提升,但仍然远远不能满足群众的需求。随着各地经济水平的提升,人们也通过各种方式改善场地条件。地方政府提供支持和村民自发筹集是常见的方式。比如,

---

①王璁.揭秘最具中国特色的篮球"丛林法则"—野球"WILDBALL"[EB/OL]. https://weibo.com/ttarticle/p/show? id=2309404316804389411950,2018-12-13/2022-09-22.

②荷畔侃球.独一无二的中国野球,挣得比CBA球员多,打完就拿钱![EB/OL]. https://www.163.com/dy/article/F57OLI5L05496ID4.html,2020-02-13/2022-09-22.

③祥燎.砸400万,请NBA球星打球!中国最山寨比赛,凭啥火爆小县城?[EB/OL]. https://www.sohu.com/a/519767415_115958,2022-01-29/2022-09-22.

④王丹妮.篮球职业联赛"失意者"的野球江湖[EB/OL]. https://mp.weixin.qq.com/s/1BX1_l9eJAwkBj7I1TRDsQ,2019-08-29/2022-09-25.

⑤陈媛媛."农"味十足的"村BA"为何火出圈[EB/OL]. https://www.163.com/dy/article/HEIQ2JO40512D3VJ.html? f=post2020_dy_recommends,2022-08-12/2022-09-22.

⑥李广专业体育评论."村BA",就是中国篮球与中国足球的最大不同[EB/OL]. https://www.163.com/dy/article/HEIF8A3F0552198A.html? f=post2020_dy_recommends,2022-08-12/2022-09-22.

第三章 "野"之呈现：野球文化特征

63岁的村民朱玉昌回忆说，大屯村最早"在泥地里打球，用的木质篮板"，后来通过村民集资的方式修缮了露天篮球场，新建了现代化的篮球馆，灯光、降温系统、专业化比赛设备一应俱全。① 在广西，政府从体育彩票销售收入中拨出一部分用于修建篮球场地。为了补齐不足的经费，荣华乡村民在屯长的带领下外出打工，用打工挣来的钱建成篮球场。有的村民还自愿捐款帮助村子建篮球场。② 在南方多山的农村，找一处建篮球场的平地并不容易，为建球场，隆桑镇还把镇上的土地庙推平。③ 在村民打工挣钱建球场的感人行动中，我们看到的不仅是资金的问题，也有在对篮球的热爱和地方民间信仰之间的取舍。毕竟，为了篮球而拆庙，在民间信仰浓厚的广西来说，比筹集资金更加困难。

其实，篮球作为一个拥有厚重传统的体育项目，人们参与最主要的是出于激情和热爱，场地并非第一位的。街头篮球第一人吴悠曾表示，相对于现代化的篮球场，他更加怀念以前眼中只有三层看台，没有栅栏，地面有些破旧的场地。因为在他看来，一是老场地有"当年打球那批人"感情寄托的成分，二是旧场地"打糙了正好，更好用。"④相比平整明亮的篮球场，一个出界不是撞上岩壁就是摔进山沟的"三角形篮球场"令曾经参军入伍的郑蜀炎记忆犹新，那片只能打半场的球场不仅寄托了郑蜀炎的战友情，还充分体现了士兵对篮球的真正热爱。正如郑蜀炎所在班的班长所说："不管在什么球场上，篮球也都是个好东西。"⑤的确，场地固然重要，但场地再好，如果没有对篮球的挚爱，相信很难出现欧文惹那样的篮球少年。相反，即便只有简陋得不能再简陋的土地加木制篮板，很多篮球

---

① 罗宇. 从一个小山村看乡村篮球赛的"市场化"之路[EB/OL]. https://www.sohu.com/a/574983555_267106,2022－08－07/2022－09－13.
② 辛明. 广西开展万村篮球大赛小比赛解决农村大问题[N]. 中国青年报,2006－09－28.
③ [同上]
④ 吴悠——街头篮球|《万能会客厅》访谈视频文字资料。https://www.bilibili.com/video/BV1Zp411f7Jf/? spm_id_from=333.337.search-card.all.click&vd_source=6b757be28dd836d511396f9005ac235c.
⑤ 郑蜀炎. 一个只能打半场球的三角形篮球场 我为何至今记忆犹新[EB/OL]. http://www.81.cn/yw/2022－05－11/content_10154035.htm,2022－05－11/2022－09－20.

少年一样能够成就篮球梦想。也只有坚守篮球梦想,场地才会越来越好,正如王阳从乡村到县城,从自己的卧室墙上的篮筐一直投到室内豪华的灯光球场。但在他看来,即便卧室没有观众,也简陋不堪,却是"最伟大的竞技场。"①

三、比赛规模大小不一

一般娱乐意义上的野球并没有也不需要专门的组织,所以基本没有"规模"可言。随着全民健身运动开展的不断深入,基于人们共同体育兴趣自主发起、自我管理、没有登记注册、不以营利为目的的草根体育组织遍布城乡。② 随性而打、随缘而聚的野球参与者的主要目的是强身健体、延年益寿和享受运动乐趣。因此1V1、2V2、3V3、4V4或者与正式比赛一样的5V5都可以,与有组织比赛不同的是,比赛是参加者随机或临时组织的,一般仅限1场。这种比赛也可以发生在熟人之间,临时邀约,随着时间的推移可以加深相互了解,可谓真正的"以球会友"。规模再大一点的就是学校(高中或大学)举办的篮球赛。这种赛事或以年级分组,或以学院分组,或者是全校性的。即便是全校性的比赛,因为要考虑不能影响学生正常上课,赛程和赛事规模也不会太大。在野球领域,有一种比赛规模也不大,赛程也很短,但却不同于校园篮球或纯休闲的篮球,那就是"职业野球"。因为职业野球特殊的"参与者以赚钱为目的,老板以争面子为目的",所以很多情况下比赛只发生在两方之间,场次也只有一场或几场。加之球员的流动性极强,他们不可能在一地停留太久。

商业资本介入的社会性篮球赛事则比民间如赌球般的"职业野球"规模要大得多。比如,2017年的城市传奇争霸赛覆盖16个省份的27个城市,参赛人数超过16万人次,球队达到1.1万支,前后打了3.2万场比赛。不只是普通人,就连姚明听闻后都大为惊叹,毕竟中国篮协每年安排

---

① 根据"街球人物"发布的视频《卧室里的篮球梦——王阳》整理。https://www.bilibili.com/video/BV1xg411P7Co/? spm_id_from=333.999.0.0.
② 周华锋,李井海,赖齐花.草根体育组织现状与发展对策研究——以广州市为例[J].广州体育学院学报,20(06):23-26.

的职业比赛也只有几千场。① 有报道将城市传奇与民间举办的"职业野球"的规模相对比,认为"其规模之大,已经超越了我们普通认识意义上的民间'野球'"②,因为民间野球尽管奖金丰厚,但其规模往往并不大,赛程也不会很长。

在篮球氛围好的省份,仅一个省份举办的赛事,也可以达到接近城市传奇的体量。比如,广西壮族自治区举办的万村篮球赛,2006年的首届赛事就"有10060个行政村报名,几乎覆盖了全区70%的农村,参赛运动员超过了12万,观众预计能达到1000多万人次。"③据报道,本赛事前三届参赛球队数量均超过1万支,第三届参赛球队达到11567支,参赛人数超过17万人,比赛场次达到31954场,观众超过1600万人次,赛程长达11个月。④ 广西万村篮球赛之所以有如此大的规模和规范的赛制,与当地的篮球传统有关,也与当地政府对篮球的支持密不可分。为提高赛事质量,广西当地政府还曾组织自治区农村村民篮球队员前往美国观摩NBA季前赛,⑤这在全国都极为少见。正因此,广西万村篮球赛被称为"中国农民NBA"。广西万村篮球赛这样的赛事并非个例,在四川成都,"运动成都"篮球赛事也规模可观。据报道,2012年,"运动成都"篮球赛事比赛日达到117天,有超过3万余人参赛,队伍超过1400支,观众人数超过15万人次。⑥

贵州省黔东南州台江县台盘乡的"村BA"则介于"职业野球"和政府

---

① 占太林.城市传奇:一家被体育耽误的内容公司[EB/OL]. https://ishare.ifeng.com/c/s/v0029OGMJZ6Y2pATjAKMS9QcwgLD5NFAqDZyqfJF1U4dtoo__,2018-06-18/2022-09-22.

② 搜狐体育,红牛城市篮球传奇从这里开始享受到篮球的快乐[EB/OL]. https://sports.sohu.com/20150924/n422034684.shtml,2015-09-24/2022-09-22.

③ 辛明.广西开展万村篮球大赛小比赛解决农村大问题[N].中国青年报,2006-09-28.

④ 陶媛.广西万村农民NBA"风云再起"村民自筹2万打球赛[EB/OL]. http://pic.gx-news.com.cn/staticpages/20150213/newgx54de0d7c-12233591-1.shtml,2015-02-13/2011-09-22.

⑤ 钟建册.广西万村篮球赛20万农民秀"乡村NBAStyle"[EB/OL]. https://sports.qq.com/a/20150212/000929.htm,2015-02-11/2022-09-22.

⑥ 钱晞."草根篮球"相当火[EB/OL]. https://sports.sohu.com/20130222/n366743793.shtml,2013-02-22/2022-09-20.

或社会资本运作的大型赛事之间。黔东南州是少数民族聚居区,这里的村民有着传统遗留的强烈的聚众需求。在传统的习俗仪式如"吃新节"之外,现代化的体育运动——篮球,为他们聚集提供了天然的便利,两者之间有极大的相关和互动作用。① 因此当地的赛事组织参与者吴寿勇说这里的篮球氛围是天时地利人和的结果。② 尽管随着场地设施的改善赛事规模逐年扩大,以至于赛事持续时间超过传统的斗牛比赛达到13天。因为村民还要忙各自的生活,后来就通过控制队伍数量来缩短赛程,一般持续八九天。③ 比较来看,这种村里举办的篮球赛事因为地域范围限制在本村,所以参赛人数远远不及"城市传奇"之类的全国性赛事,也与广西万村篮球赛不在同一级别。因为"村BA"赛事参与者并不以赚取奖金为目的(央视报道的"村BA"冠军奖励一头牛,后来赛事有奖金,但从人均看,与"职业野球手"收入不可同日而语④),所以它也不是几场比赛就可以结束的"一锤子买卖",赛程比"职业野球"要长得多,整体规模也比"职业野球"要大得多,组织的规范性上也更强。

总之,在野球的领域,以健身娱乐为目的的比赛并不在乎规模,也不需要专门的赛事组织;而在官方"促进全民健身"和社会篮球组织"提升品牌影响力"的动机下,篮球赛事则有规模越来越大的趋势。尤其随着互联网平台的便利,商业运营的民间篮球赛事已经远超职业篮球的规模。总体来看,野球赛事规模的扩大,为篮球爱好者提供了更多机会和更为广阔的空间。

---

① 李乃琼,李志清,石健东.农村篮球运动与民俗节庆互动发展的研究——以广西灵山县农村为例[J].西安体育学院学报,2007(04):13—16.
② 丰臻.近万人挤入山谷观战,三年来中国最热闹的野球赛[EB/OL].https://mp.weixin.qq.com/s/DqqexIqMekQFOHbYMtsnMA,2022—07—26/2022—09—22.
③ [同上]
④ 没有户籍限制的自由公开组冠军奖金最高,20066元。按队伍12人计算,人均不到2000元,再考虑到要打若干场比赛,所以算下来,钱完全不是"村BA"参赛者参与其中的主要动机。正如有网友分析的,"球员们都是在为了各自的家乡拼搏,不为金钱,只为名誉。"

第二节 因球而聚:野球的制度文化特征

只要有篮球,爱好者就可以聚在一起享受篮球之乐。所以,野球远没有职业篮球那样行驶在"正轨"。组织运作方式各异、球场规矩约定俗成和人员流动性较大,成为野球制度层面"野"的三大突出表现。

一、组织运作各具特色

因各种野球的目的不同,其组织运作也各有特色。野球从参与者的角度可分为"利益型"和"非利益型"两种,也就是将"职业野球"和其他形式的野球相区分。

职业野球从本质上是以赢球为目的的利益交换。交换双方是球员和老板(或村委会等出资方),交换的内容则因出资方目的不同而不同。第一种,组织球赛是镇政府、村委会为群众做公益(也有老板私人出资的),就如同以前村里请戏班唱戏一样。这种比赛之所以能组织起来,与领导或老板的个人爱好有关。此时,球员就要用精彩的表演去赢得观众的认可,从而获得出资方给予的报酬。第二种,某地老板为宣传自己的公司或企业组织比赛,或者有钱人为自家婚丧嫁娶等仪式进行庆祝举办比赛。这种比赛主要是图个热闹。作为被邀请者,赢球固然重要,但最重要的还是参赛双方默契的"配合",以使比赛足够精彩,从而起到宣传或庆祝的作用。聚焦职业野球场上,其阵容结构与职业篮球有很大的不同,特点主要是"临时组队"。队伍组成方式一般有两种:一种是本地球员加高水平"外援";另一种是由成建制的纯外援成员组成。前者主要出现在公益性质的比赛中,如前 CBA 四川男篮球员蔡晨曾参加的福建某地的"北灵庙顺王府诞辰杯"篮球赛就属于此列。比赛以"仓后村移风易俗系列活动"名义举办,由村委会主办,参赛球员以村中居民为主,规定"每队场上 5 名球员,只能有 1 名外籍外援、2 名中国籍外援,其余 2 人必须是本村球员。"[①]而在老板和村子之间为面子、名誉而战的比赛中,经常可以见到整队都是

---

① 何鹏楠."野球"江湖:前四川男篮球员打三天挣万元,受伤只能自己扛[EB/OL]. https://mp.weixin.qq.com/s/KmieDGBzV3e—NVJ_bluOVw,2018—11—01/2022—09—22.

黑人的现象。一般情况下,民间比赛对外援数量和来源都有严格的规定,因为如果对外援不加以限制,一是本土以野球为生的球员就会失去市场;二是本地人参与不进去,也就失去了仪式或传统的意义;三是尽管很多地方或个人想邀请外籍高手为自己赢球,但成本明显要高很多。

随着职业野球水平的节节攀升,对野球手水平的要求也越来越高。因此,这个圈子并不是很大。正如蔡晨所估计,目前国内专职打野球的人大约有200人左右,真正的高水平选手不足百人,这就导致"全国各地打来打去,都是那一拨人"[1]。如今职业野球的组织运作已经形成了"球员—经纪人—出资方"一条龙的成熟完备的体系。曾经打过CUBA的王璁就是职业野球圈著名的经纪人。从积极的角度,尽管职业野球手群体并不庞大,但他们作为职业篮球和民间篮球的桥梁将二者串联起来,极大地促进了民间篮球水平的提升,也提升了民间篮球爱好者的观赛体验。

对于非利益型的野球,也因目的不同有着不同的组织形式(表3—2)。第一种,因为本地有着深厚的篮球传统,比赛组织有序,规模较大。如百色市德保县都安村长期以来都有逢年过节与邻村进行篮球比赛的传统,篮球成为村民最喜爱的体育项目。官方在进行深入调研后决定将德保县作为篮球试点。有了官方的支持,比赛在21世纪初就初具规模,2005年的农民篮球联赛参赛队伍就超过2200支。[2] 这种以篮球传统为基础、官方支持的组织形式也出现在广西、广东等篮球氛围浓厚的城市或村镇,如广西的万村篮球联赛、东莞的系列赛等。这种组织形式除了需要民众有高涨的篮球热情,还需要官方具有较强的经济实力。第二种,民营企业家出资赞助比赛。东莞作为全国少有的篮球氛围极好的城市,除了官方的支持,还有本地民营企业家的贡献。作为"先富起来"的群体,"本土民营企业家,富而不忘反馈社会,大力投身体育,早期投入建设足球,后又发展篮球,是这种热衷公益的精神推动了东莞篮球和东莞体育的发展。"[3]通过篮球赛事,民营企业扩大了宣传,提升了社会影响力,而民间

---

[1] 何鹏楠."野球"江湖:前四川男篮球员打三天挣万元,受伤只能自己扛[EB/OL]. https://mp.weixin.qq.com/s/KmieDGBzV3e—NVJ_bluOVw,2018—11—01/2022—09—22.
[2] 辛明.广西开展万村篮球大赛小比赛解决农村大问题[N].中国青年报,2006—09—28.
[3] 鲁浩.那些年入百万的草根篮球手[EB/OL]. https://zhuanlan.zhihu.com/p/37697199,2018—06—05/2022—09—13.

篮球也因此获得了充足的资金支持。正如一位老板所说，篮球赛并不能直接帮企业盈利，但比赛时领导出席，使企业可以得到政府的关注和重视，直接提升企业和品牌的知名度。① 第三种，则是以贵州"村BA"为代表的赛事组织模式。"村BA"所在的台江县台盘乡并不富裕②，所以官方支持有限。此外，当地篮球赛因与民俗结合紧密，官方也主动选择不过分介入，"所有人都免费做事，包括从县里请来做裁判的体育老师……近似于一种村民自治的方式来办比赛。"③政府工作人员也曾告诉媒体，比赛一直都是乡民自发组织，政府和村委会并不参与，政府仅负责接受赛事报备和审批。④ 因为地处偏远且经济落后，比赛也少有企业赞助。筹集资金的方式主要是众筹和摊位租金。这些筹集到的资金大多数作为奖金发放出去，所以赛事本身没有任何盈利。这种没有资本介入的比赛得到了很多网友的支持，认为"没有资本的比赛得人心，实打实，接地气"⑤，因为这样的篮球使球员只为名誉而战，更纯粹、朴实。随着参赛人数的增加，比赛有细致的分组：女子组、少年组、中年组、村队组、自由公开组。村队组和自由公开组最具观赏性。"村队组比赛只允许行政村户籍成员代表村队出战，自由公开组没有户籍限制和年龄限制，水平最好也最好看。"⑥

---

①鲁浩.那些年入百万的草根篮球手[EB/OL]. https://zhuanlan.zhihu.com/p/37697199,2018-06-05/2022-09-13.

②台盘乡2020年3月份才摘掉国家级贫困县的帽子。据统计，2019年，台江县农村常住居民人均可支配年收入只有9300元，年轻人大多选择外出务工。

③丰臻.近万人挤入山谷观战，三年来中国最热闹的野球赛[EB/OL]. https://mp.weixin.qq.com/s/DqqexIqMekQFOHbYMtsnMA,2022-07-26/2022-09-22.

④李广专业体育评论."村BA"，就是中国篮球与中国足球的最大不同[EB/OL]. https://www.163.com/dy/article/HEIF8A3F0552198A.html?f=post2020_dy_recommends,2022-08-12/2022-09-22.

⑤陈媛媛."农"味十足的"村BA"为何火出圈[EB/OL]. https://www.163.com/dy/article/HEIQ2JO40512D3VJ.html?f=post2020_dy_recommends,2022-08-12/2022-09-22.

⑥丰臻.近万人挤入山谷观战，三年来中国最热闹的野球赛[EB/OL]. https://mp.weixin.qq.com/s/DqqexIqMekQFOHbYMtsnMA,2022-07-26/2022-09-22.

表 3－2　中国代表性野球联赛

名称	举办地	开始时间	主办单位	组织形式/原因
华熙 ALL－STAR 夜赛	北京	2016 年	华熙国际投资集团有限公司	全国首个自创篮球联赛 IP
红牛城市传奇篮球争霸赛	27 个城市（2017）	2008 年	城市传奇篮球俱乐部（北京）有限公司	国内参与性赛事
日落东单	北京东单	2009 年	吴悠团队	全国首个自创街球赛事
"长江杯"武汉篮球全民星赛	武汉	2021 年	武汉市体育局、武汉市总工会等	武汉地区唯一由体育主管部门与权威媒体联手打造的官方篮球赛事
"金榜杯"篮球联赛	晋江英林镇东埔村	20 世纪 90 年代	晋江市英林镇人民政府	为庆祝本村学子金榜题名
"万佛杯"篮球邀请赛	福建晋江江头村	2017 年	江头村老年协会	为庆祝南宫寺庙万佛堂隆重落成
贵州省"美丽乡村"篮球联赛	黔东南州台	2021 年	贵州省体育局主办	为庆祝 6 月 6 日"吃新节"
"塘后·金羊杯"国际男篮邀请赛	泉州市石狮村	2015 年	村委会、老年协会等	为庆祝 13 年一次的闽南风俗大普渡
萧妃顺天庙文化节篮球公开赛	泉州晋江龙湖镇烧灰村	2017 年	萧妃顺天庙管委会	萧妃顺天庙文化节活动之一
路人王	36 个城市	2016 年	虎扑体育	制播赛事、联合场馆运营、球员经纪、商业开发

很多时候，政府需要把握介入民间体育的度。如果介入太多，则有可能改变民间赛事的"原生态"。如广西重要特色节庆——万尾哈节，于20世纪80年代开始举办篮球赛与之互动，一直是民间的传统民俗活动。然

而进入21世纪后,政府着重实施打造京族特色文化节庆的政策,中断了篮球赛,后期随着政府的不断涉足,导致万尾哈节出现了衰落的迹象。①再如南宁市那马镇开圩节每四年举办一届,于2008年首次由政府主办邀请了上级部门及企业领导作为嘉宾。此后通过政府把控,节庆活动举办层次提高的同时削弱了其民俗内涵,篮球赛也基本由政府、企事业单位人员参加,出现了脱离群众的迹象。当前有很多地方还都保留了民间自发集资组织篮球赛的传统。比如在广西的河村屯,村民都喜欢看球打球,有着合山市最好的村际篮球氛围。村民经常自发捐款资助比赛,"QQ群里一号召,大家就积极得很,半天就筹得2万元球赛基金"②。因为规模有限,乡村村民自发组织篮球赛尚且可行,但要举办全省或全国性的篮球比赛,民众自发组织则不现实。因此,社会资本运作篮球赛成为体育产业兴起后的一种主要组织形式,如前面所说的"城市传奇"就是这类组织运作方式的代表。社会资本运作下的赛事组织有着细致的团队分工,比乡村自组织更为专业。加之线上线下的有机结合③,比赛规模和影响力都是村级篮球赛事不可比拟的。与村落或政府支持的地方篮球赛不同的是,赛事组织方以盈利作为主要目的。

二、球场规矩不拘一格

要分析规则多样的原因,我们可以先将野球分为3种类型,即"无目的、无利益"的健身娱乐型、"有目的、无利益"的普及推广型和"有目的、有利益"的利益关切型。第一种,看似完全自由,实则有着不成文的规则④

---

① 李乃琼,李志清.农村篮球运动与民俗节庆互动的机制研究[J].沈阳体育学院学报,2013,32(04):58—60+78.

② 陶媛,广西万村农民NBA"风云再起"村民自筹2万元打球赛[EB/OL]. http://pic.gxnews.com.cn/staticpages/20150213/newgx54de0d7c-12233591-1.shtml,2015-02-13/2011-09-22.

③ 在线自由约战是"城市传奇"的特色,它打破了传统赛事固定的时间和地点,由固定的人数完成固定场次的比赛模式,大大激活了民间篮球的活力。

④ 生态体育.篮球野球场上玩的开,得知道这16条规则,不然会被鄙视[EB/OL]. https://wenku.baidu.com/view/877a34db730abb68a98271fe910ef12d2af9a9f1?aggId=877a34db730abb68a98271fe910ef12d2af9a9f1,2019-06-03/2022-09-22.

(如表3－3所示),其目的是维系球局,使之能够按照约成之定俗进行临时的比赛。野球场随意性比较大,参与者往往心照不宣地自觉维持球赛秩序,有时围观群众也会偶尔充当"裁判"。如成都大源篮球场的现场规则是:"由球员制定,有问题双方沟通。沟通不成,观众来当裁判。如果还不行,就罚点球论胜负。"①

表3－3 野球场一般规则

	规则	解释
1	中间一波必先下	当场上有三支(或三支以上)球队接拨时,1、3先打,2等着;如果有新来的加拨,必须等到最后,等到原有等待球队都打完。
2	第一球进算练球	如果进攻方第一次运动战进攻取得进球时,防守方可通过"好,练一球""练习结束""现在开始"等球场话术将其取消!
3	大个必须去内线	身高超过1米8的球员称为"大个",必须去打内线,并且减少中远投,还要抢篮板,否则队友有权称其为"软蛋";同理,大个球员进攻打小个球员时,必须避免身体对抗,特别是在篮下,否则对手有权称其为"只靠身体打球"!
4	背后盖帽基本都犯规	在投篮球员背后的防守球员不能从后方盖帽去影响进攻球员自尊心和好胜心,否则被视为犯规!
5	谁声音大谁就是裁判	因为野球场没有裁判,所以每个参与者都自带裁判属性,在争执不休时,往往谁的声音更大,谁就会占据上风。
6	球场老大爷的话即是真理	当场上出现一位大龄(55岁以上)的观战球迷或者球员时,一切以该球迷/球员所说为准!
7	打野球千万别带女朋友	你会发现女朋友在场的比赛总是特别难打,几乎所有人都想给你一个大"火锅"。
8	没有谁愿意和单打王同组	原本野球场就绝少配合,当你的队中还有单打王的时候,那么作为队友的你基本就不要指望摸到皮球。
9	"自责帝"话不要轻信	野球场上当他投篮失败或者防守失误后,总会大声说出"我的、我的",但是下一秒他还是会抢着投篮或者继续失误。

---

① 张肇婷.大源坝坝篮球成新晋网红打卡地 背后:网络效应点燃市民运动激情[EB/OL]. https://www.sohu.com/a/558274546_116237,2022－06－17/2022－10－05.

第三章 "野"之呈现:野球文化特征

续表

10	遇到犯规帝请绕着道走	所谓"犯规帝",就是你一碰他就是犯规,投不中也是你犯规的人。绕着道走,让他一直沉浸在自嗨中,还能保持比赛流畅。
11	多给队友鼓励	队友出现失误或者投篮很"铁"的时候,多给鼓励,一个好球或者好传都可能让他恢复自信和手感。
12	为人谦逊客气	你打得好别人表扬你,你就说队友带的你,队友打差你就多给点鼓励,毕竟球品好的人交朋友也容易。
13	不要拼命防守	打野球最重要的是开心,你没有必要玩了命似的去防守别人,因为这样很有可能惹怒别人,最后拳脚相加。
14	三人发球不准抢,四人可以抢	3v3时开球不能抢球,4v4就可以。
15	不要说太多的废话	球场上总有一种人爱指挥,"你上来做个挡拆""你去底线接球""你倒是跑啊"。自己不行但爱指挥、埋怨。这种人在球场上永远不受欢迎!
16	转球选组	选队一般有两种方式,一是其他人没有意见的话,自个组队,二是通过转球来选人,在学校一般都是3个人一组,在室外的篮球场比较多,一般都是4个人一组。
17	强制暂停	只要一有球员要系鞋带,无论你在投篮、抢断还是进球,都要重新开球,球权归原进攻方所有。如果是在比赛中,突然有球员受伤或者抽筋,期间进球有效,但大多数会重新开球。
18	运球过肩	有些地方的球场上规定运球的高度不能超过持球人的肩膀。也许最初是因为运球过高总会出现二次运球违例的现象,久而久之就误传成了运球过肩。
19	双手抱球护胸时,对手不能抢	是不是很多人都双手抱球并且护胸了,有的人甚至还把球压在身下。这个时候对手是不能抢球的。
20	篮板上沿出界	标准规则是,打到边沿后如果球的走势向外即为出界,在内就是好球。野球场则偶尔会遇到分前沿后沿的场子。但是大多数时候,为了流畅性,不管球往哪里飞,哪怕打到背板的柱子,只要最后掉回界内就是好球,并且双方都可以参与争抢。

第二种,属于"半专业"的篮球组织,有着明确的目标,但坚持非盈利原则。因为要推广,必须遵循统一的规则。如吴悠发起的"日落东单"比赛,则比以休闲娱乐为主要目的的比赛要正规得多。规定:"每队4人上

场参赛,打全场,时长11分钟,没有暂停,率先得到11分的队伍获胜,失败方退场,等待下一轮。如果11分钟两队均未得到11分,双方同时下场。罚球1+1制,比赛中扣篮算3分。此外,想获胜的队伍必须要有一个扣篮或三分球,否则比分将永远停留在10分,直到11分钟走完。"[1]

第三种,则以赚钱为目的的职业野球为代表。其规则表面上一般遵循CBA规则,但因为涉及多方利益和面子,在规则的执行上存在很多变通甚至不公平之处。正如王璁所说,野球比赛的随意性较大,"没有固定的章程来约束……,今年是这种规则,明年就可能是另一种规则。"[2]比如在王璁经历的一场野球比赛中,因为下雨后场地湿滑(这在职业野球中是常有的事),当王璁的球队大比分领先时,对方突然叫停,说"场地太滑了,很危险,改天再比。"[3]这不仅不合常理,也让野球手的报酬结算遇到困难。虽然王璁希望野球圈建立完善的规则,但因为它自身的独特性不同于其他野球形式,规则上的规范化实现起来非常困难。职业野球圈因为没有完善的规则体系而充满危险。比如比赛没有合同,全靠口头约定;面对本土球员和外籍球员的对垒,本土裁判偏向本地球员是常事。外籍野球手埃隆曾多次遇到遭受本地球员恶意犯规裁判却视而不见的情况,以至于他经常在比赛中受伤。[4] 职业野球规则多变主要包括两个原因:第一,以利益为核心的职业野球因其类似黑市拳的特点,很难形成公认的规则;第二,流动性极强,导致比赛所处地域的民风对比赛影响很大,在"一锤子买卖"的心理作用下,出资方不遵守规则、场上无视规则成为常态。

---

[1]杨老师评球.懂球皇体育:"日落东单"中国的"洛克公园",篮球爱好者天堂[EB/OL]. https://www.sohu.com/a/400228460_100230952,2020-06-07/2022-09-20.

[2]王璁.揭秘最具中国特色的篮球"丛林法则"—野球"WILDBALL"[EB/OL]. https://weibo.com/ttarticle/p/show?id=2309404316804389411950,2018-12-13/2022-09-13.

[3]董振杰,尹航."野球圈"里的篮球背包客[EB/OL]. https://www.163.com/dy/article/GGTMHGRQ0534JESX.html,2021-08-08/2022-09-20.

[4]靳锦.野球江湖:你不了解的另一种中国[EB/OL]. https://www.huxiu.com/article/330148.html,2019-12-10/2022-09-13.

三、个人参与流动性强

在我们所说的广义的野球空间里,篮球参与者具有很强的流动性,这是野球与职业篮球最为明显的区别之一。以健身娱乐为主的野球是小范围的自由组队。在以前的农村,"一般是自己村里打,打得好了就到别的村去交流,俺们村最鼎盛的时候跑到30里以外的村里跟人家打球。"在相对传统时代的乡村社会,即便打球双方并不熟悉,但至少处于一种"熟人社会",往往"聊着聊着就发现原来谁谁谁跟俺村还有亲戚。"在学校里,篮球爱好者在球场上的"接波"也是生人之间的比赛,今天在这个球场,明天在那个球场,如同一个大村庄,学校在人员构成上具有很大的同一性。"在学校里打球,一个班里的经常凑不够人,我们就去加别人的'波',有时也会有其他人加我们的'波',基本上都会同意,都是同学打几次就熟了。"因为彼此身份相同,一般不会发生比较大的冲突,毕竟都在学校的管理之下。但城市中校外社会上的野球就有所不同,除了流动性更大,彼此既不是"老乡",也不是同学,也没有学校那样共同的管理机构。所以,人员之间的"完全陌生"状态,使这种野球一旦发生冲突,容易激化升级。"下了班想去打会球,经常会碰见一些人打球水平不咋地,脏动作不少,说他,他还不认,本来想去玩玩放松放松,这样弄得都不愉快,都有脾气也不会让着他。"

最具流动性的是职业野球。职业野球手跟随金钱的指挥棒走,哪里有球打、有钱赚就去哪里,所以很多高水平的野球手走遍全国各地,穿梭于城市乡村,并且很多时候去到偏远落后的农村(如图3—3所示)。正如王璁所说,"在野球的世界里,你永远不知道你下一场比赛在哪"[1]。因此,王璁和他的队友足迹走遍大江南北,甚至到过与老挝一江之隔的云南

---

[1] 纪录片《外籍球员漂在中国乡镇野球圈》中对王璁的访谈整理。https://www.bilibili.com/bangumi/play/ep281766?from_spmid=666.25.episode.0&from_outer_spmid=333.337.0.0.

勘腊一般人想象不到的犄角旮旯。①

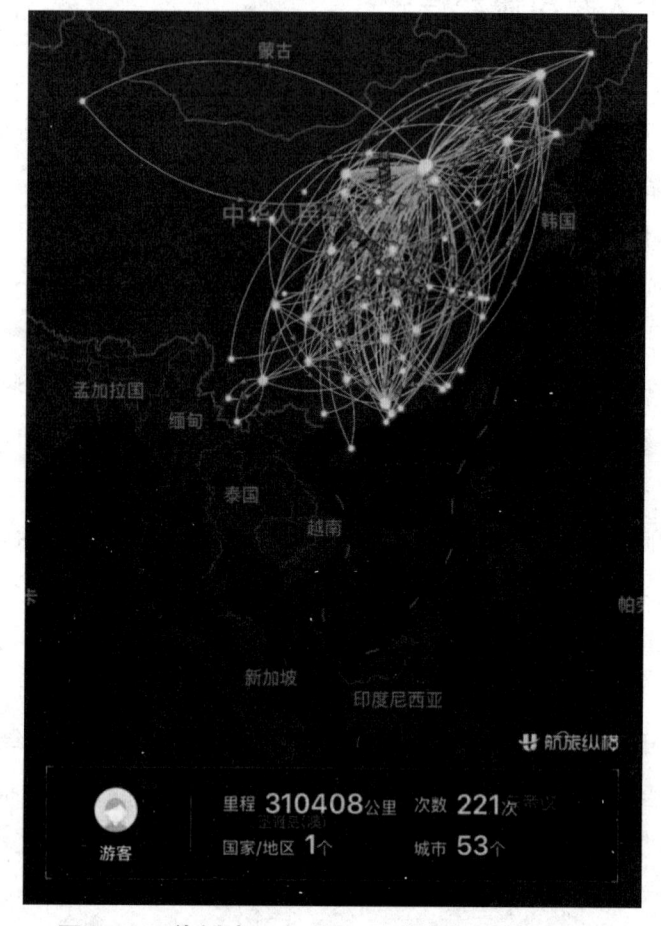

图 3—3　徐树森 5 年间打野球的奔波路线统计

在广义的野球角度，球员在不同层次野球圈子的流动性也越来越大。这与职业篮球的流动性差形成鲜明的对比。徐树森说，一些俱乐部会提出"天价转队费"，阻止球员流动。因为吉林队禁止他转会，他和球队产生了很深的矛盾。在短暂打了一段时间"NBL"后，徐树森选择了退役，流向了职业野球手的行列。② 从职业球员流向非职业的野球世界，有自身能

---

①王璁.揭秘最具中国特色的篮球"丛林法则"—野球"WILDBALL"[EB/OL]. https://weibo.com/ttarticle/p/show?id=2309404316804389411950,2018－12－13/2022－09－13.

②王丹妮.篮球职业联赛"失意者"的野球江湖[EB/OL]. https://mp.weixin.qq.com/s/1BX1_l9eJAwkBj7I1TRDsQ,2019－06－03/2022－09－25.

力不足的原因,也有职业篮球制度的原因,野球之所以能够吸引徐树森,是因为"得不到应有的回报,再热爱的东西,也坚持不下去了",而在野球世界,他可以"想怎么打,就怎么打"。从职业篮球向职业野球流动,根本上是因为从事职业野球可以获得更大的物质回报。因此,很少有职业球员完全放弃打篮球去从事非盈利的民间野球。如果有,也是詹姆斯休赛期那样走向街头的"与民同乐",或者像从晋江野球场走出来的职业球员龚松林,为了家乡的荣誉偶尔回家代表家乡队出战几场比赛。

图 3-4 吴悠——中国街球第一人(左三)

如果说健身娱乐篮球参与者的流动是无目的的流动,吴悠(如图 3-4 所示)"拉着 1000 块钱买来的拉杆音响,边走边打遍全国高手"的"跑江湖"式的流动则有着明确的目标——推广街头篮球。与职业野球不同,吴悠走南闯北并非为了挣钱,相反,在篮球商业化上,吴悠始终都保持高度警惕。从吴悠的故事可以看出,正是有了一群以篮球为梦想的年轻人四处"以球会友",才有了中国街头篮球的兴盛,在技术、风格上促进了街头篮球和草根篮球、职业篮球的融合。参与者的流动也是随人生阶段不同、技术水平提升的必然结果。如石学念从村子打到高中、大学,在成名后家乡村里举办球赛时又回村打球。可见,如今中国层次鲜明、自成体系的野球系统为篮球爱好者的自由往来提供了空间。

第三节　坚守热爱:野球的精神文化特征

在篮球普通爱好者,这种热爱表现于休闲娱乐的社会交往之中;在青少年篮球追梦者,这种热爱表现于不断提升篮球技能、追求进步的过程;而在职业野球手,对篮球的热爱之中则充斥着对现实的无奈。无论如何,对于不同水平和层次的野球参与者而言,热爱都是其最鲜明的精神底色。

一、健身社交的休闲娱乐

最基层的以健身为目的的野球群体主要是中老年人。篮球具有促进身心健康的作用,已是公认的事实(如图3－5所示)。四川泸州的冯跃恒是一名行医40多年的老牙医,小时候就喜欢打球,但那时候没有球,也没有场地,更重要的是常常饿肚子。后来因工作繁忙,也没空进行体育锻炼。55岁的时候,有一天逛街,看到卖篮球的,于是一念之下,"买个篮球回去锻炼身体"。打篮球带来了明显的成效:"以前三尺一的腰打成了二尺六"。① 打篮球是一种良好的生活方式,而体育锻炼对健康生活方式的贡献最大。钟南山曾提及,"我看过一个数据,人的健康有五大决定因素:父母遗传占15%,社会环境占10%,自然环境占7%,医疗条件占8%,生活方式占60%,几乎起决定作用。而'生活方式'除生活规律作息外,很大一部分就是坚持体育锻炼。"② 尽管人们并不了解篮球对于身心健康的科学依据,但篮球带来的快乐则是他们切身的感受。几十年前农村篮球就以其特有的娱乐、健身的功能占据人们的业余生活。从20世纪60年代开始,L所在的滨州市惠民县李庄镇Q村篮球之风兴盛。大约在20世

---

① 杨灵.75岁大爷开宝马打篮球走红是野球场上的"巨星"[EB/OL]. https://ishare.ifeng.com/c/s/v002vp2QCiwDiqTtIuiLhz－－vCkBi－－vgXFo3JPe37p2WYg5Q__2019－03－27/2022－09－25.

② 清华体育产业研究中心.钟南山,生活体育的践行者[OB/OL]. https://www.163.com/dy/article/HAASIA2B0529DBLQ.html,2022－06－20/2022－09－25.

纪60年代,李振瑞(约1930—2012,笔者注)那时候就打(篮球)。李文奎(约1940)是原来打得不错的,李文奎、李文月、李振栓等,都是那时候的。……集体上散工之后打,那个瘾更大了。散工后晌午、傍晚都打,那时候那个破篮球架子,一个檩条子加一块木板子,打得就很起劲。

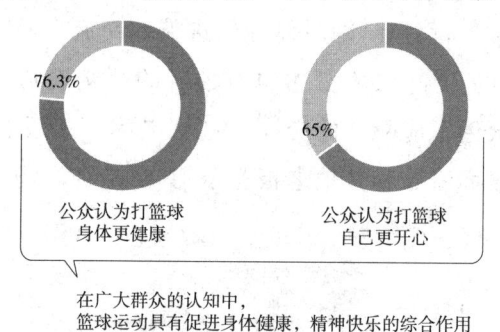

76.3%
公众认为打篮球
身体更健康

65%
公众认为打篮球
自己更开心

在广大群众的认知中,
篮球运动具有促进身体健康,精神快乐的综合作用

图 3—5　2021 年发布的《中国篮球运动发展报告》统计

据 T 回忆,集体时代,村里经常有村际篮球比赛。篮球最初可能是由附近联中的体育老师传到村里后兴起的。农村人有农村人的智慧,没有专业的裁判,就找来红白事吹唢呐人做裁判,理由是他吹唢呐有劲,吹哨子也响。为了保障比赛的公平性,配合吹唢呐者做裁判的往往是一个懂规则的体育老师。Q 村老辈人打篮球的场地木制器材变成了新式的塑钢玻璃板和钢材篮球架,球场旁边是健身器材,焕然一新。直至今天,Q村依旧保留打篮球的传统,每逢春节都组织比赛。篮球之所以受民众欢迎,因为它首先是一种游戏,可以娱乐,其次才是竞技,可以展示身体能力、提升身体机能。更深一层说,篮球之所以起到游戏的娱乐作用,是因为其具有游戏的关键特性"及时反馈性"。换言之,篮球很容易就学会投篮,且比较容易投进,及时的反馈使参与者获得持续参与的动力。

作为一种集体性的体育项目,篮球有着天然的社交功能(如图 3—6 所示)。这种社交功能使个人、企业和政府都因之受益。在东莞,很多生意都是在球场上谈成的。对政府工作而言,"如果政府领导对篮球说不出一二,很难进入当地圈子。"[1]正如滨州市李庄某村的篮球爱好者老李所

---

[1] 鲁浩.那些年入百万的草根篮球手[EB/OL]. https://zhuanlan.zhihu.com/p/37697199,2018—06—05/2022—09—13.

说:"以前打球认识了很多人,现在虽然很少见面,但有事找到门上,一说是当年一起打球的,能帮忙的就不会推辞。"随着当前赛事的体系化和正规化,不同年龄、性别的人能够相聚在球场,增加了社会交往的密度。比如在"城市传奇"的赛场上,既有60岁以上的大叔大妈,也有十几岁的男女少年,他们来自各行各业,通过篮球促进彼此交流。通常职业野球给人冷冰冰金钱交易的印象,其实其中也有独特的社交规则。如山西的朱老板就曾表示,他厌倦了应酬式的交往,感叹"老喝酒多没意思"。① 他之所以找人来打球,表面看是和其他老板竞争,其实是种商场社交方式。

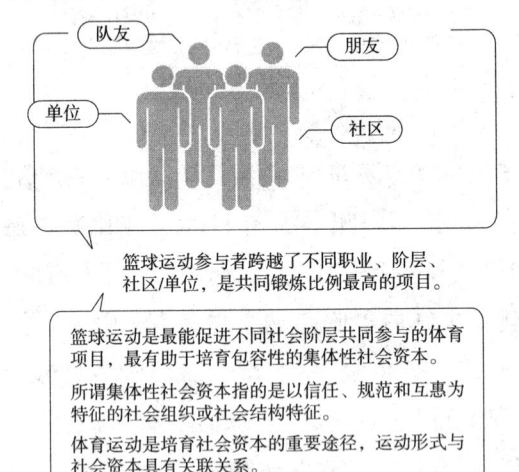

篮球运动参与者跨越了不同职业、阶层、社区/单位,是共同锻炼比例最高的项目。

篮球运动是最能促进不同社会阶层共同参与的体育项目,最有助于培育包容性的集体性社会资本。
所谓集体性社会资本指的是以信任、规范和互惠为特征的社会组织或社会结构特征。
体育运动是培育社会资本的重要途径,运动形式与社会资本具有关联关系。

图3-6 2021《中国篮球运动发展报告》对篮球社交功能的描述

既然篮球在某种程度上是一种社交行为,那就必然涉及人情。其中最具代表性的表现就是"人情球"。人情球可以出现在各种形式的篮球比赛中。在职业野球中,老板或其家人经常"客串",这时球员就得会察言观色。经纪人会叮嘱球员(尤其是外籍球员)"一会让10号投几个,他是老板的儿子",球员都会照做,因为大家都知道如果让老板儿子丢了面子,他们的报酬也就不好谈了。② 蔡晨在打野球比赛的时候也遇到老板上场的情况。老板因喜欢打篮球而安排自己首发出场,尽管他并不积极,也经常

---

① 靳锦.野球江湖:你不了解的另一种中国[EB/OL]. https://www.huxiu.com/article/330148.html,2019-12-10/2022-09-13.
② [同上]

第三章 "野"之呈现:野球文化特征

失误,但队友对他都非常宽容,当记者感到疑惑时,蔡晨才悄悄说道"那是老板"。① 职业野球场虽然充满利益争夺,但球员之间并非完全不讲情面。比如 2019 年 8 月初在山西介休市的一场在两个龙头企业之间展开的野球比赛中,王璁代表的一方球队领先 30 多分,老板因担心被反超仍然要求暂停换人。王璁很恼怒地顶撞了老板,并没有对对方"赶尽杀绝"。因为在王璁看来,这是野球江湖的规矩之一:野球场上的对手其实在场外都很熟,甚至是职业联赛中的师兄弟,"不能给人家踩死"。②

在"城市传奇"那样的大型赛事中,篮球的社交功能的体现更明显。CEO 周一帆直言"赛事等于社交"。他举例说,"……某位家属带朋友来看球赛,结果朋友喜欢上对方球队的某位球员,两人最后真走到一起了。也有的两队球员之前'不对付',结果不打不相识,成了好朋友。"③线下的社交(尤其是体育类)因彼此真实面对,需有身体接触,双方更真实理性,不像线上社交软件可能出现违反社会公序良俗的情况。篮球社会交往不仅能够拓展个人社会资本,也起到娱乐身心的作用。这一点,从广西壮族农民歌手自编的民歌可见一斑:种田得粮得温饱,打球没病没烦恼,农民也有农民乐,天天打球人不老。④

作为一种社交圈,野球各个层面都有因球而生的友谊。新体联成员彭振作为山东人,于 2013 年进入北京篮球圈,在新体联度过了 7 年,其间让他一个外地人体会到朋友带来的温暖。(非职业篮球系列纪录片《莫问前程》第 3 集《坚守》,彭振访谈文字资料)可以说,是篮球和因篮球结交的朋友们使他融入陌生的大都市。关于友情,赵强曾有过一段十分深刻的

---

① 何鹏楠."野球"江湖:前四川男篮球员打三天挣万元,受伤只能自己扛[EB/OL].https://mp.weixin.qq.com/s/KmieDGBzV3e-NVJ_bluOVw,2018-11-01/2022-09-22.

② 王丹妮.篮球职业联赛"失意者"的野球江湖[EB/OL].https://mp.weixin.qq.com/s/1BX1_l9eJAwkBj7I1TRDsQ,2019-08-29/2022-09-25.

③ 占太林.城市传奇:一家被体育耽误的内容公司[EB/OL].https://ishare.ifeng.com/c/s/v0029OGMJZ6Y2pATjAKMS9QcwgLD5NFAqDZyqfJF1U4dtoo__,2018-06-18/2022-09-22.

④ 辛明.广西开展万村篮球大赛小比赛解决农村大问题[N].中国青年报,2006-09-28.

描述:社会产生冲突源于不了解,(篮球)能化解很多矛盾,其实就是我们沟通的工具,所以在这里面没有种族,没有界限,没有帮派,这是一个大爱。篮球让我们有相聚,相互理解,成为朋友。人与人之间其实就是你要足够的真诚和友善。①

在赵强看来,篮球是一种世界通行的语言,也是最好的语言,"走到哪里都能交到朋友"。② 街球圈非常重视那种纯真意义上的友谊,在吴悠的篮球故事里,朋友绝对是一个关键词。吴悠与李克、周小周、叶天的友谊至今仍然被球迷称道。尽管街球很重视个人单打,但兼顾朋友也是球场上考虑的一个方面,正如王信凯所说:打街球虽然很少限制,但你也要觉得自己是最厉害的。有时候给别人有好球的时候,其实是对朋友的信任。③ 即便是随性而为的野球场,不成文规矩中也有对友情的考虑。④

二、源于热爱的篮球梦想

野球之所以成燎原之势,与有着一批执着的篮球爱好者有关。中国街头篮球第一人吴悠可谓对"热爱"的最好诠释。《无中生有》里记录到一行人打完比赛为止,但事后吴悠没有跟大家从纽约回国。他飞去了洛杉矶,改了签,用本来准备在美国购物的预算,请了个 NBA 训练师,自费特训,还自嘲"人家都靠打球赚钱,我还非得花钱打球"。⑤ 其实,早在吴悠远没有名气的时候,他就和王璁每周末坐 40 分钟地铁去东单打球。每人只有 20 块钱,15 块钱付门票,5 块钱用来吃拉面,尽管吃不饱,也依旧乐在其中。⑥ 后来吴悠成立了 CL,尽管小有名气,但团队在资金方面捉襟

---

① 纪录片《潜移默化第 1 部 - 吴悠》,赵强访谈文字整理。https://www.bilibili.com/video/BV1m54y1h7iB/? spm_id_from=333.337.search-card.all.click.
② [同上]
③ 台湾街头篮球纪录片《破晓》下,王信凯访谈文字整理。https://www.bilibili.com/video/BV1Vt411W7Qt? p=2&vd_source=6b757be28dd836d511396f9005ac235c.
④ [同上]
⑤ 王小笨. 北京街头故事[EB/OL]. https://36kr.com/p/1722827833345,2018-09-12/2022-09-25.
⑥ [同上]

第三章 "野"之呈现：野球文化特征

见肘。在去美国纽约与当地街球手比赛的前几个月，他们举办了第一次Open run（赛事兼战队新人选拔）。办活动的经费都是吴悠、李岩等成员凑的，李岩当时拿出了一个月的工资2千元。为了节省成本，球衣的名字都是自己手写的。① 从吴悠的故事中随处可见他对于篮球的执着和发自内心的热爱，但当一个组织致力于推广宣传篮球的时候，理想与现实（或热爱与金钱）的矛盾就更加凸显（如图3-7所示）。在吴悠的个人纪录片《我和我的城市》里，叶天和吴悠因为对商业赞助的不同意见而产生了矛盾。吴悠拒绝赞助，因为这是队伍之所以走到今天，和别人不一样的地方，而叶天认为没有商业赞助支持的团队难以长久发展。对于吴悠而言，他的解决办法就是动用自己的力量帮助球队，把自己拍广告、拍电影的收入都投入自己的篮球事业上。尽管后来CL在2008年解散，但吴悠对篮球的信仰始终令人动容。② 在没有大的变故的时候，像吴悠这样的篮球"发烧友"尚且坚持，但在家庭和篮球产生冲突的时候，金钱则不得不成为首当其冲的难题。在纪录片《十二级风》里，王珑解释离开CL的原因时透露，主要是因为母亲得了癌症，他必须挣钱解决家庭突如其来的变故，不得不放弃CL选择去做职业野球经纪人走南闯北。正如虎扑网友所说，"这是理想与现实之间的问题"。

图3-7 篮球爱好与生存现实的矛盾

对篮球的热爱不仅使这些痴迷者获得了个人的成功，也为中国基层

① [同上]
② [同上]

篮球的发展做出了巨大贡献。曹芳说,他是因为篮球"改变了命运",篮球不仅使他可以上学、找工作,也使他获得了可观的收入,改变了生活状况。[①] 也正是深刻体会到受益于篮球,他们选择用自己的篮球技术回馈社会。曹芳创办"仙豆篮球"训练营,吴悠创办"下站东单""日落东单"等一系列街头篮球赛事。其实,绝大多数高水平的篮球爱好者在走过竞技巅峰期后都选择进入篮球培训行业。从事篮球培训,对这些篮球的挚爱者来说,既可以延续对篮球的热爱,将对篮球的认识和情感传递到下一代,也可以在盈利中实现理想和现实矛盾的调和。正如赵强所说,"我希望通过我的努力,给他们信心和希望,让他们知道身体条件一般也可以打好篮球……随着年龄越来越大,我也想通过另外一种方式,将我对篮球的热爱延续下去,(所以)我现在也做训练营,我想把我对篮球的理解、经历和方法传授给下一代。"[②]

　　对于身处落后地区的篮球爱好者来说,他们虽然没有吴悠那种篮球大爱的境界,但其成功之路也与对篮球的热爱须臾不分。比如,石学念从9岁因为一场村际篮球赛而大开眼界之后,从此篮球成为其生命的一部分。15元的塑料球、简陋的运动布鞋和自家的房顶,成为支撑起他篮球梦的道具。正如石学念自己所说:当时的那个条件我很艰苦,怀着一颗对篮球这种热爱的心,即使脚磨起泡了还会一直坚持。[③]

　　后来得益于篮球而出名的石学念也像吴悠、曹芳等人一样不忘回馈自己的家乡。在外上学的他每逢寒暑假都回村免费办篮球培训班,不仅影响着村里群众的运动喜好,同时他们还是青少年体育运动的好榜样,以自身对篮球的热爱激发青少年对篮球运动的兴趣,从而让更多的小孩爱上篮球并从中受益。在培训过程中,石学念分享他在外面的所学所感,向

---

①非职业篮球系列纪录片《莫问前程》第4集"勇往直前"曹芳访谈文字整理。
②根据赵强发布微博视频《我的篮球故事》文字整理。https://m.weibo.cn/status/4785773083886691?wm=3333_2001&from=10D3193010&sourcetype=weixin.
③石学念央视报道视频《遇见你 篮球少年石学念》文字资料。https://tv.cctv.com/2021/03/12/VIDEcPSL2JYnUswZmQX8DqUw210312.shtml.

第三章 "野"之呈现：野球文化特征

村里儿童传递篮球给他带来的永不言弃的精神。

在无数篮球爱好者的心目中，对篮球的热爱其实就是对美好生活的追求。正如野球帝成员王翔接受采访时说，"有球打就好好打球，没球打就好好生活"，像打篮球一样怀揣热爱去生活，"战胜自己，今天比昨天强一点，快乐更多一点"是篮球给予他们深刻的启迪。"只要热爱它（指篮球），你就一定能坚持到最后"。① 对于篮球而言，每个爱好者的"最后"各不相同，有人想成为技高一筹的球场达人，有人想成为篮球某一领域的开创者，有人以成为职业篮球运动员为目标。无论"最后"在何处，热爱是恒久不变的主旋律。

三、理想之外的残酷现实

2014年国务院发布《关于加快发展体育产业促进体育消费的若干意见》，此后民间体育赛事遍地开花，2015年开始，民间篮球赛事更是发展迅速，广东、福建、贵州、山西、河北……总有机构或个人出钱请人打篮球比赛，或为民俗节庆，或为婚丧嫁娶，或单纯就为了整个上下高低的"玩儿"。如此，一个庞大的民间职业野球市场形成。

因要辗转各地参加比赛赚钱，所以职业野球的球手被称为"篮球背包客"。他们"每场可拿3000—5000的出场费，打赢了还有奖金"②。庞大的市场吸引很多国外职业队退役球员来中国捞金。小拉方索·埃利斯曾在NBA发展联盟打球，迫于在美国篮球圈的巨大经济压力和上升压力，他选择到中国的职业野球场打球挣钱。因为具有篮球技术的巨大优势，对这种球员来说，来中国打野球不仅收入远超美国，"而且还不用刻苦训练，就当来中国体验生活"③。像埃利斯这样轻松赚钱的毕竟是少数，在中国

---

①2022年5月"野球帝"成员王旭、徐通接受陕西广播电台访谈视频整理。https://www.ixigua.com/7096016505711788581.

②董振杰，尹航."野球圈"里的篮球背包客[EB/OL]. https://www.163.com/dy/article/GGTMHGRQ0534JESX.html，2021—08—08/2022—09—20.

③祥燎.砸400万，请NBA球星打球！中国最山寨比赛，凭啥火爆小县城？[EB/OL]. https://www.sohu.com/a/519767415_115958，2022—01—29/2022—09—22.

职业野球领域,外籍球员也面临越来越大的压力。正如小拉所说,"就像是《奎迪》里面的墨西哥地下拳击赛似的,你必须通过不断地赢球获得更多的比赛邀约,不管你是从哪里来的,老板只喜欢赢球。"①

老板因为"爱好"而组织篮球比赛,为野球手提供了市场。在这种球场上,球手就好比老板的"门客",赢球是其主要任务。正如王璁所说,"野球世界里没有特权,老板听说你不错就是让你来帮他赢球的,如果你赢不了那你就是狗屎"。对于在这个圈子里混的球手来说,赢球意味着身价提升,会接到越来越多的"单",报酬也会随着名气上涨越来越高,反之则会被挤出圈。所以,他们需要一直保持良好的竞技状态。其实,不仅因为私人企业赞助,国企也有很多出钱举办篮球比赛。国企养球员在中国已经成为一种传统,用专业的词叫"挂靠"。如"山东帮"的王雪峰。他"挂靠"在两家企业,同时被更多的企业邀去打比赛。② 挂靠国企的球员不同于职业野球手,他们有很好的保障,包括社保、每月发工资,他们只负责打球而不用像普通职工一样上班。对于企业来讲,"养球员就是为了确保高质量球员能在关键时刻为自己比赛,争第一,'争个面儿'。"③

之所以包括职业球员在内的很多人选择进入职业野球圈,根本上是因为这里有着足够大的金钱诱惑。据王璁透露,"一般来说,用工方会将说定的报酬交给中间人,中间人抽成其中的 30%—40%,经纪人抽成其中的 10%—15%,剩下的钱才是球员们最终拿到手的钱。一般情况下,报酬分为底薪和赢球奖金两部分。底薪只要来打,就能拿到;奖金则只有赢球才能拿到。"④ 具体而言,外籍球手收入高于本土球手,名气大的收入

---

① 篮球 Basketball. 监狱球王李本森的中国野球故事[EB/OL]. https://www.sohu.com/a/194910105_597698,2017-09-27/2022-09-13.

② 靳锦. 野球江湖:你不了解的另一种中国[EB/OL]. https://www.huxiu.com/article/330148.html,2019-12-10/2022-09-13.

③ 靳锦. 野球江湖:你不了解的另一种中国[EB/OL]. https://www.huxiu.com/article/330148.html,2019-12-10/2022-09-13.

④ 王璁. 揭秘最具中国特色的篮球"丛林法则"—野球"WILDBALL"[EB/OL]. https://weibo.com/ttarticle/p/show?id=2309404316804389411950,2018-12-13/2022-09-13.

高于名气小的球手。一场比赛,外籍球员能拿到 8000—10000 元,本土高水平球手则只有 3000—5000 元。按照一年能打 100 多场比赛算,顶级野球手一年能赚到 50 万—100 万了。而现在 CBA 职业选秀球员给出的薪资是 18—50 万元。[1] 从上述数据不难理解,为什么很多 CBA 球员选择进入职业野球领域。

---

[1] 荷畔侃球.独一无二的中国野球,挣得比 CBA 球员多,打完就拿钱![EB/OL]. https://www.163.com/dy/article/F57OLI5L05496ID4.html,2020—02—13/2022—09—22.

第四章 "野"之意义：野球的文化功能

作为职业篮球之外庞大的篮球体系，野球在促进中国篮球本体发展方面发挥着"优化生态"的作用；作为衍生功能，野球在少年儿童身心健康方面具有特殊的教育意义，其规模越来越庞大的赛事对拉动城乡经济发展发挥着重要作用。同时乡村篮球赛事的风靡极大地促进了基层社会的和谐。

第一节 本体功能：促进中国篮球生态优化

对于中国篮球发展而言，野球因其涉及多层次、多群体、多样态，通过人员的流动、赛事的商业化等极大促进了篮球生态优化。具体而言，首先，野球成为职业篮球与非职业篮球沟通协作的空间，为非职业篮球水平整体提升发挥了积极作用；其次，作为野球中的一个部分，校园篮球的重要性与日俱增。对青少年而言，校园既是其通过打球获得人生提升的方向，也是他们向职业篮球进发的起点；最后，在职业篮球因其体制内性质而遭遇诸多问题的当今，中国野球的快速发展将为职业篮球提供更多的后备人才，巨大的野球市场同时为职业球员延续篮球生命提供了广阔的空间。

一、贯通职业篮球与非职业篮球

"村BA"让我们看到的是中国广大农村因为热爱而对篮球运动的推动。无论是贵州还是广西，无论是南方还是北方，篮球的普及让我们感受到"与金钱无关,人们却乐在其中"①。首先,随着村级篮球的深入普及和水平提升,越来越多的底层篮球爱好者被"送出去"接受更专业的篮球培训。即便是社会体育组织进行的产业化的篮球运营,其中也越来越多地试图沟通职业篮球和非职业篮球。如在 2014 年的沈阳"城市传奇"篮球赛中,赛区邀请前女篮国手马增玉参与,与业余爱好者共同体验篮球、分享经验。这种"导师制"对提升业余选手水平具有积极的作用。②

其次。篮球培训行业与职业篮球融合深入。CBA 职业篮球运动员开办训练营是最常见的方式。早在 2011 年 7 月,易建联就发起主办"薪火相传"篮球训练营③。在深圳市福田区政府发起的"百名世界冠军和文化名人引进计划"的推动下,"深圳福田易建联篮球训练中心"在 2016 年 5 月 28 日在福田体育公园正式运营。④ 除了易建联,国内很多 CBA 球星都相继投入培训行业(如图 4-1 所示),2016 年福建籍球员李航就在福州开办篮球训练营⑤,2020 年 8 月 17 日,"千锤百炼的少年"郭艾伦篮球训练营正式开营⑥。2021 年前广东宏远队球员苏伟退役后在家乡山东日照也办起了篮球训练营⑦。正如所有办训练营的职业运动员所表示的,他们开办篮球训练营,是为了"回馈家乡",但在当前商业化的社会中,其盈利的目的也不可否认,易建联、郭艾伦的训练营训期只有 7-10 天,但收费近万元。当然,这些大牌球员有普通培训班难以比拟的资源和个人品牌效应,他们可以邀请 CBA 球员甚至外援加入教练团队。在培训质量

---

① 李广专业体育评论. 村 BA,就是中国篮球与中国足球的最大不同[EB/OL]. https://www.163.com/dy/article/HEIF8A3F0552198A.html?f=post2020_dy_recommends,2022-08-12/2022-09-22.
② 搜狐体育. 红牛引领沈城篮球网上约战马增玉化身导师收徒[EB/OL]. https://sports.sohu.com/20140718/n402421307.shtml,2014-07-18/2022-09-25.
③ 刘杨. 易建联篮球训练营昨开营:给孩子提供高水平训练[N]. 东莞时报,2011-07-25.
④ 冯爱军. 易建联篮球训练中心试运营 将开设青少年培训[N]. 信息时报,2016-05-30.
⑤ 海闻. 福州篮球培训迎来大鱼 CBA 球星李航试水训练营[N]. 东南快报,2016-02-02.
⑥ 李伶俐. 郭艾伦首次开办个人训练营[N]. 辽沈晚报,2020-08-18.
⑦ 娱乐文乐. 正式退役!苏伟回山东老家创业开篮球培训机构 前宏远队友为他打工[EB/OL]. https://www.sohu.com/a/582174607_710192,2022-09-03/2022-10-05.

上,职业球员的训练营自然有着天然的优势,但正如郭艾伦所表示,短期的训练很难使球员在技术上获得大幅的提升,主要是传递一种篮球精神。随着国内各地篮球氛围向好,篮球爱好者越来越多,家长也有意愿和能力让子女参与高水平、高消费的篮球训练营,从篮球人才培养的角度看,职业运动员商业化训练营的开设无疑架设起职业篮球和非职业篮球之间的桥梁,为未来中国篮球的发展做出了一定的贡献。

图4-1 王治郅指导训练营学员

相对于大牌球星开办的训练营,社会上普通的篮球培训班则在各方面都相形见绌。尤其是决定培训质量的教练员水平良莠不齐。当前高水平教练员以运动员为主,普通教练员以高校毕业的篮球专业学生为主。教练层级分"二级、一级、高级和国家级",考核晋升非常困难,尤其是对普通高校生和运动员而言。[1] 换言之,当前教练问题是制约篮球社会培训机构水平的主要因素。在篮球培训行业,人才流失成为常态,这也"造成了职业体系和业余体育的脱节"[2]。其实,不同层次的培训班面向有着不同篮球需求的客户群体。在三、四线城市,篮球培训班主要面向没有基础或有一定基础的少年儿童,在一线城市的高水平培训班,则主要针对水平

---

[1] 刘金涛.篮球培训迎来白刃战,这里或许有中国篮球的真正出路[EB/OL].https://zhuanlan.zhihu.com/p/28507684,2017-08-14/2022-09-25.
[2] [同上]

第四章 "野"之意义:野球的文化功能

较高的青少年篮球爱好者。

职业篮球对非职业篮球领域的带动不仅表现在商业化的篮球培训,还通过校园来进行。例如,山东体育学院、北京体育大学和上海体育学院先后成立篮球学院。通过与中国篮协合作,可以集中众多有着职业篮球背景的教练员从事学院教学,培养涉及包括教练员、裁判员、管理人员、体育教师、专项体能训练师和运动康复师等多个领域的专业人才。相对于社会化的培训,依托高等教育的篮球培训在培养面上更广,培养层次也更高,不仅包括本科,还有研究生教育。这种高校的篮球培训,其学员除了提升篮球技能外,更重要的是提升与篮球相关的"综合素养"。他们未来不仅可以胜任篮球培训,也可以从事与篮球产业相关的多种职业角色。

篮球的职业与非职业的交流并不限于商业化和教育化的形式。在一些并非以营利为目的的篮球组织中,职业球员的加入也大大提升了篮球社会组织的影响力。比如,2013年,吴悠领衔的赴纽约与美国街头篮球队进行交流赛的球队"除了街头玩儿出来的几个哥们,还有很多正在往CUBA和更高级别专业赛事冲击的年轻人",比如张梓祎、鲁鹜、程驰等;还有CBA的万圣伟、王少杰等。[1] 在与商业化保持近乎本能排斥的吴悠团队中,之所以能见到职业球员的影子,是因为他们很大程度上有着与吴悠一样的篮球志趣。也许,在职业球员休赛期"捞金"式的培训之外,这些职业篮球队员积极参与非盈利的篮球活动,更能够带动非职业篮球水平的提升。如今,国家高度关注"以体育人",积极鼓励退役运动员到校做兼职教练或体育老师,在提高教学专业性的同时调动学生的积极性。[2] 在广东东莞麻涌镇等篮球开展极好的地方,职业篮球运动员已经下沉到社会篮球的最底层。学校甚至有请高水平运动员曾庆龙、詹宇森、梁嘉劲

---

[1] 王小笨.北京街头故事[EB/OL]. https://36kr.com/p/1722827833345,2018-09-12/2022-09-25.
[2] 央视新闻报道.浙江南浔:关注"以体育人",鼓励退役运动员到校做兼职教练或体育老师资料整理. https://tv.cctv.com/2021/06/06/VIDE4vytaCWbIsczZxiRYv4Y210606.shtml.

等,担任教练员,组织开展各种校园篮球活动,介入村镇篮球联赛等,为地方篮球事业发展培养后备人才,提供技术、运营等方面的专业指导。①

  总之,职业篮球运动员出于盈利、回馈家乡等目的越来越多地融入非职业篮球的领域,为篮球"野球"的发展提供了强大动力。对刚刚接触篮球的儿童而言,他们可以接受更为专业的指导,而对于走在篮球梦想之路上的青少年而言,他们则提供了榜样的力量和更为专业的篮球训练环境。在商业化的时代,我们不能以职业球员是否盈利而褒贬其作为,而应该从是否促进篮球整体发展的角度看待。无论是商业化的篮球培训"生意"还是一心推广宣传篮球的"追梦",虽出发点不同,却都是中国篮球发展不可或缺的力量。

二、作为梦想与起点的校园篮球

  校园篮球在中国篮球体系中有着特殊的位置,它既是通向职业篮球的起点,也是很多篮球爱好者的梦想终点。

  随着篮球后备人才的增多和社会培训机构的增加,很多家长让孩子参加篮球培训。除了"锻炼身体""体验"等目的之外,他们希望孩子能通过篮球特长为将来的升学做准备。在千万人靠文化课参加高考同挤"独木桥"的今天,很多家长希望通过各种特长让孩子"另辟蹊径",篮球就是其中之一。家长的这种希望也决定了子女参与篮球训练的方式和时间。因为"在家长看来,职业道路的失败后,孩子将一事无成"②,所以他们往往很早就会让子女放弃篮球训练。根据清华体育产业研究中心 2021 年 3 月发布的《火星指南学员篇》,绝大多数少年儿童在 12 岁(也就是上初

---

① 沈汉炎.麻涌:群众文化惠民潮流文化"出圈"[N].东莞日报,2022-08-03(A06).
② 刘金涛.篮球培训迎来白刃战,这里或许有中国篮球的真正出路[EB/OL].https://zhuanlan.zhihu.com/p/28507684,2017-08-14/2022-09-25.

中之前)停止接受篮球培训。① 早早结束专业训练是为了搞好学习参加高考,毕竟高考要求的篮球技术和体能,对于在少儿时期接受过两三年培训的学生而言就够了。对于有篮球爱好的学生来说,相对于走上职业道路的"赌注",考取大学对他们来说是更稳妥的选择。如王璁在纪录片"十二级风"里就提到:"因为为了这个(职业)提前放弃学业、提前放弃接受教育的机会,我觉得确实这种代价是巨大的,所以说我想找一个能篮球和学业兼顾的地方,最后我选择了二十二中。"② 如此,相对于看不清未来的职业道路,通过上大学他们至少可以获得走向社会的"敲门砖"。当然,从学生本身的角度而言,有些以篮球特长考大学除了出于爱好,有些则只是为了积累未来职业竞争的资本。换言之,有对篮球的兴趣并不一定能考入大学。《教育部关于进一步加强和改进普通高等学校艺术类专业考试招生工作的指导意见》指出,2024年起,为逐步扭转部分高校艺术专业人才选拔"重专业轻文化"倾向,将逐步提高艺术类各专业高考文化课成绩录取最低控制分数线。③ 体育高考对文化课要求的日渐增高,使很多有篮球特长而学习成绩较差的同学望而却步。无论是职业篮球还是校园篮球都处于"体制内",从技能要求的层面,进入高校比进入职业队要容易得多,这也是很多篮球爱好者选择考大学的重要原因。毕竟,庞大的篮球市场并非只需要球员。正如姚明在"上体"成立篮球学院时说的,"我们要把体育想得更大一些,这样的话就会发现,我们需要各种各样的人才,不仅是运动员和教练员,还有很多幕后的人才培养,同样需要不断跟进。"④ 大

---

① 清华体育产业研究中心.星火指南|学员篇——感受快乐 伙伴关系 自我实现 成为青少年参与体育培训三大动因[EB/OL]. https://mp.weixin.qq.com/s/am1dCjgQ5dfAMoW8fUNyhg,2021-03-18/2022-09-20.
② 以王璁为主人公的纪录片《十二级风》资料整理. https://v.youku.com/v_show/id_XMTQ1ODE2MjExMg==.html.
③ 禹亚宁.教育部:提高对艺术体育类考生的高考文化成绩要求[N].人民日报,2021-09-24.
④ 刘金涛.篮球培训迎来白刃战,这里或许有中国篮球的真正出路[EB/OL]. https://zhuanlan.zhihu.com/p/28507684,2017-08-14/2022-09-25.

学,可以为篮球爱好者提供更为广阔的平台,这也更使之成为篮球迷为之奋斗的梦想之地(如图4－2所示)。

图4－2　某高校篮球单招考试现场

虽然中国因为良好的群众基础积累了众多优秀的青少年篮球爱好者,但在他们通过常年努力进入大学后,却发现从大学走向职业篮坛几乎难以实现。篮球体制的不同决定了学校篮球扮演的角色不同。目前在中国,大学生通过大学联赛进入职业体系,是"千军万马过独木桥"的小概率事件。反观美国,NBA禁止高中球员在没有至少一年大学篮球经验的情况下加入[1],可以说大学篮球则是进入NBA的必经之路或必要条件。姚明上任篮协主席以来,CUBA就是他抓的工作重点之一,从学校到职业的通道正在逐步成型。至今,通往职业的大门仍然并未(或无法)向大学生球员打开。2022年CBA选秀,尽管有12位CUBA大学生篮球队员被选中,但在业内人士看来却是"状元易得栋梁难求",也就是说,这些被选入CBA的大学生球员,未来并不能成为CBA球队的核心。换句话说,"大学生联赛已经可以为CBA输送人才,但离输送顶尖人才还有距离。"[2]正如翟博所说,父母之所以支持他通过篮球考大学,是为了通过大

---

[1] Colin A. Zestcott, Jessie Dickens, Noah Bracamonte, Jeff Stone, C. Keith Harrison. One and Done: Examining the Relationship Between Years of College Basketball Experience and Career Statistics in the National Basketball Association[J]. Journal of Sport & Social Issues, 2020(4).

[2] 王镜宇,李博闻.大学生篮球联赛期待更上一层楼[N].新华每日电讯,2022－08－11(007).

学找一个更好的工作,而不是让他成为职业球员。翟博的队友高飞说:"上大学再想打职业太难了,极少有人能成功。"①正是家长和自己都认识到上大学后再打职业几乎不可能,所以翟博他的队友只能通过其他方式留在篮球场上,毕竟把篮球当做爱好也是从小父母给定的目标:"我小时候父母认为学习比较重要,觉得体育没什么出路。当个爱好就得了。"

因此,有很多大学篮球运动员放弃追逐职业选择打职业野球。正如前几年叱咤野球场的"山东帮"核心成员刘以生、李海、周雨等人,自从在山科大毕业后,他们就进入了民间的野球场,走遍大江南北,代表着国内野球领域的最高水平。②此外,以同一地域聚集的"广州帮""北京帮",也是在当地大学出来的球员,他们同样选择打野球作为自己从事篮球活动的主要方式。③毕竟,作为有着职业篮球梦想而又不能实现的大学生来说,他们既然不能"出名",只有通过一技之长"谋利",而中国特有的"野球江湖"成为他们施展才华的舞台。除了职业野球,现在越来越多的平台给篮球爱好者提供了机会,使他们不通过打职业也能实现自己的篮球梦。正如新体联队长张佩麟所说,网络和篮球综艺节目都给草根球员提供了很好的平台,不通过青训也能获得很好的发展。他坚信校园球员与职业球员没有那么大的距离,"也不会差,只要我坚持下去,我也能收获到我该收获的。"④

三、职业篮球的蓄水池与缓冲带

我们所说的广义的野球,即所有非职业篮球形式,不仅为职业篮球发展提供了基础,也成为篮球运动员经历职业之路坎坷后的缓冲带。

首先,除了体制内的"青训体系"为职业篮球提供大多数年轻球员,越

---

①中国篮镜头.独一无二的中国野球:挣得比职业球员多 这里没特权[EB/OL].https://www.sohu.com/a/342740628_461606,2019−09−23/2022−09−13.

②刺猬篮球.野球国家队 难道不是这一支吗?[EB/OL].https://sports.sina.com.cn/sportsevents/3v3/2020−04−28/doc−iirczymi8871444.shtml,2020−04−28/2022−09−20.

③靳锦.野球江湖:你不了解的另一种中国[EB/OL].https://www.huxiu.com/article/330148.html,2019−12−10/2022−09−13.

④非职业篮球系列纪录片《莫问前程》第4集勇往直前,张佩麟访谈文字资料。

来越多的体制外球员进入职业篮球领域。在美国,有戴克曼和德鲁联赛这样的业余联赛,它们依靠球迷捐款即可运转,使得大量篮球人才在职业体系之外可以找到自己发挥才能的舞台。随着街头篮球风潮的减弱,AAU业余联赛为有天赋的年轻人提供了通向职业篮球的机会。[1] 在中国,虽然还没有形成像美国一样成熟的业余联赛,但随着篮球氛围越来越浓厚,参与篮球的年轻人越来越多,再加上网络对草根篮球的推动,选秀和业余篮球赛事越来越多。这些都在倒逼CBA体制发生变化。2019年,CBA开始将选秀的目光投向草根球员,一些在业余篮球圈小有名气的年轻人报名试训。这说明体制外的篮球圈层(或野球)与职业篮球之间的壁垒正在被慢慢打通。随着体育"举国体制"的逐渐弱化和篮球训练知识的普及,体制内外后备人才的水平差距将逐渐缩小,野球圈将为职业篮球输送越来越多的人才。

其次,很多职业球员在遭遇职业困境后,主动选择职业野球作为其谋生的方式。CBA球员李克很早就加入吴悠的街球战队,对于其中的缘由,吴悠认为他"在职业篮球里压抑的太久了,到街球场上正常呼吸呼吸。"[2] 的确,尽管职业篮球是很多篮球爱好者的梦想,但进入围城的人却可以体会到其间的复杂和压抑。如果不是核心球员,意味着很可能只是一个角色球员甚至"饮水机球员",相对于在野球场上的任意挥洒,可能连上场的机会都没有。队内有严格的管理制度,除了训练就是吃和睡,队员需要处理好与教练的关系,队员之间的人际关系也非常复杂。正如徐树森所说,"12个人就是个小社会",如果你能上场,大家就会猜测,"要么是跟教练关系好,要么是给教练塞钱了"[3] 相较之下,"在野球圈,只要能赢球,老板就会支付报酬。球员不必在人际关系上费劲钻研,还能拿到令人

---

[1] 王小笨.北京街头故事[EB/OL]. https://36kr.com/p/1722827833345,2018-09-12/2022-09-25.

[2] 史琳杰.从职业球员兼战街头篮球李克联手中国街球第一人[N].体坛周报,2008-06-08.

[3] 王丹妮.篮球职业联赛"失意者"的野球江湖[EB/OL]. https://mp.weixin.qq.com/s/1BX1_l9eJAwkBj7I1TRDsQ,2019-08-29/2022-09-25.

第四章 "野"之意义:野球的文化功能

满意的报酬。'很纯粹'。"①在徐树森等转战职业野球场的球员看来,在野球场,"自己被尊重、被捧着了,'像是球星'"②。因此,他们宁愿游走于城市乡村,每年打 100 到 200 场比赛,甚至在大雨中泥泞的球场上挣扎。"万变不离其宗,不管是 CBA、NBL,还是野球,都是在打篮球"③,职业与非职业的身份在得到充分的尊重和报酬后消失于无形。职业球员选择逃离职业体系进入野球领域,而这种逃离有暂时和长久之分。前者,如 2017 华熙 B·One 联赛中,就有现役 CBA 浙江广厦队的林志杰、李京龙的加入④。更有甚者,曾经有 CBA 的 6 支球队全班人马到民间打球挣钱。6 支正牌 CBA 球队(同曦、青岛、广州、四川、福建、天津)参加"金秋杯——2018 年男子职业篮球联赛邀请赛",在差旅住宿由主办方负责的前提下,总共拿走 30 万元的出场费和 35 万元的奖金。网友调侃"这是 CBA 球队休赛期组团打野球挣外快去了。"⑤如果说这些人在休赛期暂时离开职业球队参加野球活动是一种寻求"透透气"的"玩儿票",那么很多完全脱离职业领域进入职业野球圈的人则有着不一样的心态。

篮球领域从来不缺有天赋肯努力的人,它像一个高速运转的离心机,将那些因为能力、运气、年龄、际遇等种种方面抱憾的球员甩出了职业体系,这些人数量庞大,业精者不在少数,愿意继续打球。⑥

职业野球圈有着残酷的生存逻辑,但这种残酷更多的是脱离体制保障后的个人奔波的辛苦。职业篮球的残酷则是"能则上,不能则下"的干脆。这也就意味着,你可能有着自认为不错的技术,但却因为无法获得上场机会而收入微薄,生活难以为继。正因此,中国民间的职业野球赛场吸

---

① 王丹妮. 篮球职业联赛"失意者"的野球江湖[EB/OL]. https://mp.weixin.qq.com/s/1BX1_l9eJAwkBj7I1TRDsQ,2019-08-29/2022-09-25.
② [同上]
③ [同上]
④ 搜狐体育. 2017 华熙 B·One 联赛落幕 北京险胜杭州成功卫冕[EB/OL]. https://sports.sohu.com/20170807/n505757251.shtml,2017-08-07/2022-09-25.
⑤ 何鹏楠. "野球"江湖:前四川男篮球员打三天挣万元,受伤只能自己扛[EB/OL]. https://mp.weixin.qq.com/s/KmieDGBzV3e-NVJ_bluOVw,2018-11-01/2022-09-22.
⑥ 靳锦. 野球江湖:你不了解的另一种中国[EB/OL]. https://www.huxiu.com/article/330148.html,2019-12-10/2022-09-13.

引了大批退役CBA球员甚至NBA球员(如图4—3所示),其中不乏大龄的外援。在职业赛场难以获得上场机会的球员,在民间野球场却有着对大多数人"降维打击"的实力。比如转战野球场的迈克说:"这种比赛强度不算大……稍微有点名气的球员,一年打个200场,年收入60万以上是正常的。"①因此,他们可以获得比在职业体系中更高的收入,自尊心也得到维护。前四川男篮的蔡晨,在广东、福建一带的野球场很有名气,尽管"受伤要自己扛",但"三天挣万元"的回报是他这个年龄的球员在CBA难以获得的。②

图4—3 "监狱球王"李·本森在中国野球场

作为体制外最接近职业的群体,CUBA大学生球员,也越来越多地加入到野球的行列。对于他们而言,打野球挣钱被称为"打点"。比如毕业于首都体育学院的翟博,经常在过年的时候,去贵州的村落"打点"。其间他可能参加多个地方的比赛。如果拿到前三名,就会获得奖金。③ 现

---

① 何鹏楠."野球"江湖:前四川男篮球员打三天挣万元,受伤只能自己扛[EB/OL]. https://mp.weixin.qq.com/s/KmieDGBzV3e—NVJ_bluOVw,2018—11—01/2022—09—22.
② [同上]
③ 中国篮镜头.独一无二的中国野球:挣得比职业球员多 这里没特权[EB/OL]. https://www.sohu.com/a/342740628_461606,2019—09—23/2022—09—13.

第四章 "野"之意义:野球的文化功能

在越来越多的大学生球员采取这样的方式打篮球,一来经济上有所收益,将自己的技能变现;二来通过"换一条路"留在球场上,延续自己的篮球梦想。① 大学生球员在"打点"中也会通过与职业篮球运动员较量来提升自己,如刘涛所说,"2010 年 2011 年那会我去山西打野球,有 CBA 球员和 NBL 球员在那打,通过打野球,才知道自己跟职业的差距在哪,就更有目标往哪个方向去努力。"②

其实,如同非职业的优秀篮球手一样,职业球员退役后不仅可以打野球挣钱,也可以通过网络和各种选秀平台(做嘉宾)继续从事篮球事业(如美国的奥尼尔、麦迪,中国的吕晓明等)。无论如何,中国蓬勃发展的野球及其催生的巨大市场不仅成为职业篮球输送球员的"蓄水池",也为职业球员(尤其是职业之路走得不畅的球员)提供了一个以篮球为生的缓冲带,使之能够在经济、心理上都获得应有的回报。同时,作为一股专业力量介入野球圈,为非职业篮球水平提升做出了贡献。

第二节 衍生功能:三位一体的篮球正能量

在促进篮球自身发展之外,野球既在促进青少年身心健康的过程中形成正能量的体育亚文化,也通过赛事贡献城乡经济发展,还以体育活动对人的聚集和规范发挥着基层社会治理的作用。

一、教育功能:身心健康的篮球媒介

教育功能是篮球的属性之一。台湾篮球运动员陈建州说:"篮球应该是一个教育,那个教育是适用于各行各业,那种运动家精神和团队分工的精神。尤其是越早因为篮球没有运动碰到挫折,你还能越早站起来,伤口越快痊愈。然后那时候面对挫折是对于你在未来做每一个行业都必须碰

---

①中国篮镜头.独一无二的中国野球:挣得比职业球员多 这里没特权[EB/OL]. https://www.sohu.com/a/342740628_461606,2019-09-23/2022-09-13.
②纪录片《贵州野球场上,玩一场"生存游戏"》刘涛访谈文字资料. https://www.bilibili.com/bangumi/play/ep281767? from_spmid=666.25.episode.0&from_outer_spmid=333.337.0.0.

到的。"①可见,在篮球专业人士看来,篮球可以使青少年在球场上的团结奋斗中,在成功和失败的经历、体会中学会成长。在这个过程中,他们接近一项积极的运动,从而远离对成长不利的东西。

篮球教育功能的体现有赖于青少年受到的篮球氛围的影响。正如白云镇郝下村的篮球赛一代一代薪火相传,老幼中青都酷爱篮球。和村里的小伙伴们经常参加比赛的周子硕说:"我从小就看着我的爸爸打篮球,也热爱上了这项运动,今天我和小伙伴一起来参加比赛,希望能取得胜利。"②贵州少年朱指贤,受所在的大屯村浓厚篮球氛围的影响,从8岁起就开始打篮球,不仅乐在其中,学习成绩也更好。正如他所说,"打篮球后,不仅身体更结实了,还学会守规则,上课的时候更加用心,父母都替我感到高兴。"③朱指贤视篮球为自己的热爱,表示会一直坚持下去。练习篮球能够促进学习并不是个例。比如在昆明的"云端篮球学院"学生为了打球而努力学习,用好的学习成绩为自己的爱好争取时间,反而取得了学业和身心两方面共同提升的"良性循环"。④随着篮球社会氛围越来越好,2017年开始中国篮协在全国范围内普及"小篮球",报道显示,"2017年小篮球联赛启动发展至今,参赛人数逐年扩大,由最初的10万人增至今年的25万人,辐射人群300余万人。让篮球更多地走入家庭、进入校园。"⑤

---

①台湾街头篮球纪录片《破晓》下,陈建洲访谈文字整理。https://www.bilibili.com/video/BV1Vt411W7Qt? p=2&vd_source=6b757be28dd836d511396f9005ac235c.
②悦读帮 Club."村 BA"火出圈!最近平坝这些篮球赛事,你都去看了吗?[EB/OL].https://www.163.com/dy/article/HERAP69E0514DS7G.html,2022-08-15/2022-09-25.
③向淳,胡玉山,杨曦,杨小友,张赛.乡村篮球赛"比肩"CBA[N].贵州日报,2022-07-26(011).
④王子仪.热爱运动的昆明生机蓬勃[N].昆明日报,2022-09-11(002).
⑤扈建华.中国篮球协会——助力打造有成长性的全民健身体系[N].中国体育报,2019-04-21.

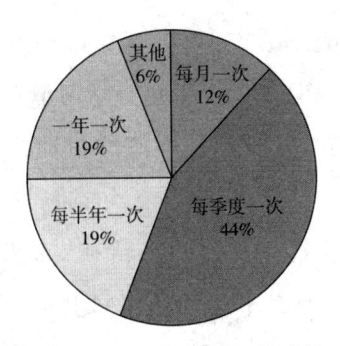

图 4-4 清华大学体育产业研究中心统计的篮球机构内部赛事频次

不仅官方涉足篮球培训市场,完全社会化的培训更是绞尽脑汁。比如昆明"云端篮球学院"聘请篮球外教加入,采用"专业培训＋双语教育"模式[1],吸引了众多家长和儿童。在篮球培训日益普及的今天,培训机构呈现规范化与体系化两大趋势。例如,2020年调查显示,所有篮球培训机构都拥有内部赛事,63%的机构每季度或每半年举办一次赛事,13%的机构能够坚持每月一赛(如图4-4所示)。[2]

相对于之前家长希望子女通过篮球培训进入职业球员的意愿,当前家长让子女参加篮球培训的目的有了较大的变化(如图4-5所示)。

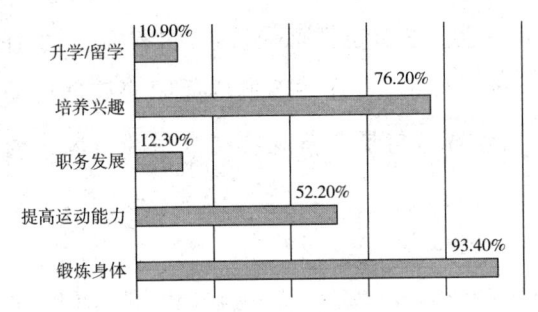

图 4-5 清华大学体育产业研究中心对家长让孩子接受篮球培训的主要目的统计

由图4-5可见,锻炼身体、提升身体素质仍是家长对子女学习篮球

---

[1] 王子仪.热爱运动的昆明生机蓬勃[N].昆明日报,2022-09-11(002).
[2] 清华体育产业研究中心.星火指南|总结篇——稳扎稳打循序渐进青少年体育培训一直在路上[OB/OL].https://www.163.com/dy/article/G879AESL0529DBLQ.html,2021-04-22/2022-09-20.

目的的最普遍诉求。① 这一点与《中国篮球运动发展报告》中的数据存在矛盾(如图4—6所示)。但在青少年自身学习篮球目的方面,二者基本一致。不论如何,从现实看,青少年从事篮球培训目的的"非功利性"转变,主要是因为篮球职业化之路并不好走。如前所述,对于很多想通过大学进入职业篮球的人来说,这条路也越来越难。根据2021年发布的《关于进一步完善和规范高校高水平运动队考试招生工作的指导意见》,2024年之后高水平运动员招生的文化课成绩门槛将显著提升。因为正如CBA选秀中国家队主教练杜峰所表示的,目前为CBA提供后备人才的还是以各俱乐部自己的青训队员为主。所以史琳杰说,新政出来后,篮球人才可能出现从校园向俱乐部梯队"回流"的现象。② 无论如何,可以确定的是,通过篮球走职业的道路,绝非易事。正因此,如广东工业大学这样的高校努力营造良好的篮球氛围,并不以学生"打职业"为目标。因为在体育部主任龚建林看来,"……体育和教育更重要的是要面向全体、面向人人。"也正是意识到篮球的教育作用,家长们才让孩子们很早就接受篮球培训,而在子女12岁(也就是进入初中以后),往往会放弃培训,鲜有学员能坚持5年以上。学员也把享受快乐、自我实现、伙伴关系作为参加篮球培训最在乎的三件事。③ 在并不把成为职业篮球运动员作为主要目的的情况下,外出参赛参与夏令营观看高水平赛事成为消费者选择篮球培训增值服务三大诉求④。

---

①清华体育产业研究中心.星火指南|总结篇——稳扎稳打循序渐进青少年体育培训一直在路上[OB/OL]. https://www.163.com/dy/article/G879AESL0529DBLQ.html, 2021-04-22/2022-09-20.

②王镜宇,李博闻.大学生篮球联赛期待更上一层楼[N].新华每日电讯,2022-08-11(007).

③清华体育产业研究中心.星火指南|学员篇——感受快乐伙伴关系自我实现成为青少年参与体育培训三大动因[OB/OL]. https://mp.weixin.qq.com/s/am1dCjgQ5dfAMoW8fUNyhg, 2021-03-18/2022-09-20.

④清华体育产业研究中心.星火指南|消费者篇——外出参赛参与夏令营观看高水平赛事成为消费者增值服务三大诉求[OB/OL]. https://mp.weixin.qq.com/s/eJpN42dJAPj0fRwvJ44P1A, 2021-03-25/2022-09-20.

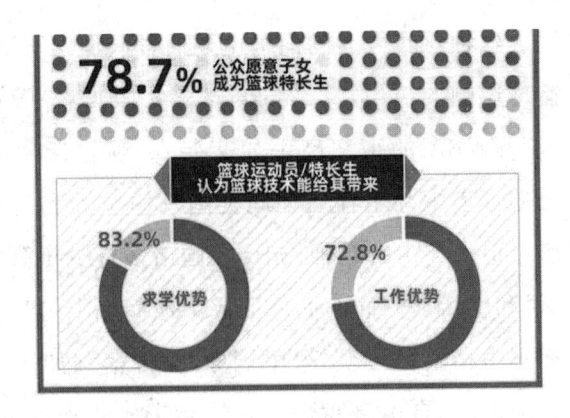

图 4-6 2021《中国篮球运动发展报告》的统计

篮球对于青少年的教育功能,并非仅仅体现于个体的"学习成绩的提升""团队精神""克服困难的意志"等方面。从社会层面看,随着篮球培训资源的增加,越来越多的青少年接受篮球培训,逐渐形成一股正能量的青少年亚文化势力,成为对学校教育的补充。大卫·雷斯曼认为亚文化是一种具有颠覆精神的文化,它也因此区别于大众文化,街头篮球最具代表性。

野球文化因绝大多数参与者为青少年,近年来野球亚文化与新媒体文化互相建构,表现出诸多积极的社会作用①,野球亚文化的青少年形象也从"忠实的篮球热爱者和消费者"转变为"篮球文化的积极生产者"。②最终青少年群体形构的篮球亚文化成为传统大众篮球文化中一种特殊的新生力量,丰富、创新了篮球总体文化,成为青少年表达自我、确立认同、增进社会交往和获取话语权的主要方式。③

首先,篮球是青少年表达自我的体育媒介。吴悠等那些将篮球视为信仰的群体和新一代青少年篮球爱好者,认为篮球具有展示自我和建构

---

① 毛湛文,高山,耿婉桐,白雪蕾,高心语.青年亚文化,在"破壁"中展现新图景[N].光明日报,2020-07-24(007).
② 马中红,陈霖.无法忽视的另一种力量:新媒介与青年亚文化研究[M]北京:清华大学出版社,2015:37-42.
③ 别君华.青年亚文化在新媒体时代的嬗变——评《无法忽视的另一种力量:新媒介与青年亚文化研究》[J].传媒,2016(21):90-91.

自我人设的作用。这种自我人设的建构主要通过偶像崇拜形成。吴悠是深受美国街头篮球影响的一代，将 Rucker、"骨头收集者"等视为偶像，而新一代则多将进入 NBA 的街头高手如艾弗森、阿尔斯通等视为偶像。尽管在自身所处的环境中并不存在如同美国一样黑人和白人的冲突，但黑人那种通过篮球追求自由的精神，充斥我国诸多青少年篮球（尤其是街球）爱好者的思想和生活。共同的偶像形成了他们眼中的"同类"，使他们可以在网络和现实中相聚，形成一个个篮球的"部落"（如图4－7所示）。篮球正是这样一个代表"自由"的符号，其情绪带入感和竞争性、表演性，成为爱好者投身其中的情感基石。

图4－7 中国街球 BALLCITY 联队与美国 EBC 联赛精英队在洛克公园球场合影

后现代思潮的背景下，篮球爱好者并没有如美国黑人一般的激进，更多地表现为一种围绕篮球展开的"表演狂欢"。在各种形式比赛中，单挑后的绝杀往往造成全场狂欢的场面，如欧文惹在东单的绝杀，石学念多次绝杀等。在群情激昂的篮球狂欢中，人们暂时进入自由、平等的乌托邦世界。[①] 体会着篮球带来的自由自在的同时，也展示着底层篮球爱好者对篮球僵化等级秩序的抵抗。正如一位篮球爱好者所说："我们的场面不比

---

① 叶虎.巴赫金狂欢理论视域下的网络传播[J].理论建设,2006(05):66－68.

第四章 "野"之意义:野球的文化功能

CBA差多少,我们也有很多粉丝,而且更自由,没有职业球员那么多的约束。"此外,篮球的狂欢带来的是对日常生活的一种"暂时的脱离感"和对学校生活个人表现较差的"情感代偿"。"我学习很差,老爸经常说我没出息,在班里同学老师都看不起我,可是在篮球场上我就是王者,我享受观众为我鼓掌的时刻",一位常年坚持打篮球的爱好者说。正如同曾昕所说,他们是"以'想象性解决'的方式回应现实生活问题"。① 从积极方面看,很多沉迷于篮球的青少年,将自己置身于同伴建构的篮球世界,主动保持与现实世界的距离,以此获得群体归属感和认同感。"他们以一种非对抗的方式表达对社会既定规则的不满"②,并试图在篮球中寻找自信的生活方式和情感出口。篮球青少年亚文化群体展现的是"个体期望、社会规训和社会现实等因素综合形成的冲突与撕扯"③。比起美国街头篮球的青少年亚文化,中国篮球亚文化个体在特殊生活情境中的情感体验和自由态度,尝试通过篮球建构新的情感空间,反抗现有教育体制和体育体制的秩序,释放负面情绪。

其次,篮球青少年亚文化群体不仅是篮球的消费者,也是篮球文化再生产的重要力量。为情感买单,是青年人新时代消费的趋势之一。对青少年而言,篮球不仅是一个体育用品,而是围绕其衍生以一系列商品。如球衣、球鞋、偶像纪念品及其他装备。正如叶天,在专业篮球爱好者身份之外,他也是知名的球鞋品鉴人。如今,球鞋并不只是篮球装备,而是演变为偶像崇拜的代表符号,如 AJ 系列的篮球鞋。很多篮球爱好者有收藏球鞋的习惯,乔丹、欧文、詹姆斯、杜兰特的球鞋都是他们追捧的对象,一双鞋动辄上千甚至几千元的消费在青少年篮球爱好者中并不是稀奇的事情。"每一双 AJ 鞋都代表着一个时代的乔丹,一双鞋对应着一个乔丹

---

① 曾昕.情感慰藉、柔性社交、价值变现:青年亚文化视域下的盲盒潮玩[J].福建师范大学学报(哲学社会科学版),2021(01):133-141+171-172.

② 谭光辉.论"无情":人类的情感规则如何面对"佛系"人格的挑战[J].符号与传媒,2020(1):85.

③ 曾昕.情感慰藉、柔性社交、价值变现:青年亚文化视域下的盲盒潮玩[J].福建师范大学学报(哲学社会科学版),2021(01):133-141+171-172.

的故事",网上的一名 AJ 球鞋收藏者说。对他们来说,无论是收藏篮球明星海报还是球衣球鞋,都成为生活情感匮乏的补充。此外,如前所述,篮球带来的不仅是自我满足的心理和情感体验,还有社交属性衍生的情感维系功能,是一种轻松愉快的社交方式,也是篮球爱好者确立自我和群体认同以及自我展示的标签。

在亚文化"奇观/表演"范式下,青少年篮球爱好者通过对传统篮球的改变和创造,贡献篮球文化。他们可以根据自己的需求随意改变规则、场地、器械,随意营造篮球场的视觉效果。比如,野球帝和很多网络篮球播主,通过改变篮球架的高度展示明星动作,以此获得粉丝关注。通过对篮球的重新包装,实现了篮球的再商品化。在网络短视频平台,粉丝量多的播主还可以通过转卖个人收藏、分享藏品来获取关注,也可以通过个人独特的技术教学和经验分享"吸粉",以此实现流量变现。在这一过程中,篮球爱好者不仅对现有的篮球商品进行消费,同时在消费过程中以自己的想象改变了对篮球的消费方式和消费文化,实现了对篮球文化的改造和再生出。这一过程之所以能够实现,根本上是青少年篮球群体与新兴网络媒介"共谋"的结果。

总之,篮球将青少年情感需求、社交需求、消费文化融于一体,呈现一种新型的体育亚文化景观。在青少年篮球爱好者生活中,篮球既是缓解生活压力工具,也是支撑其信仰的精神图腾,还是其融入社会的社交方式。在"内卷"成为当代青少年生活主旋律的同时,篮球将他们从焦虑和迷茫的世界中拉向球场,拒绝"佛系"和"躺平"的生活,营造着属于自己生活的乌托邦。因此,看待篮球对于当代青少年的教育意义,应跳出理性/非理性、抗争/娱乐以及物质/精神消费的二元对立视角,在当今青少年生活的背景中体验他们作为消费者、参与者和文化创造者的复杂角色,以此深入他们"以篮球为信仰"的生活及内心世界。值得注意的是,若沉迷篮球带来的"过度自由感"和围绕篮球生成的消费世界,则会走向与篮球教育意义的反面。毕竟,篮球运动之所以给爱好者带来独特的体验,其核心在于这项运动本身。

二、经济功能:体育产业的民间力量

我国体育产业成为推动经济社会持续发展的重要力量,总体规模有望在 2025 年超过 5 万亿元。① 当下,在城乡两端,野球都极大带动了经济发展,成为一股重要的体育产业力量。首先,在篮球氛围火热的乡村,篮球场上充斥着商业的气息。比如在山西平遥举办的职业野球赛场上,当地地产商、土猪和小店铺的广告条幅挂满四周,挂条幅 110 元,好的位置则要 360 元,甚至平遥监狱也挂上"平遥监狱祝比赛圆满成功"的广告。② 职业野球经纪人王璁说,有很多过年举办的比赛是当地村民募捐办起来的,所以出钱的赞助商就会把广告条幅挂满场地四周。③ 从经济学角度分析,组织篮球比赛既是体育社会活动,也是农民对节日喜庆"效用"满意度的一种经济消费行为。当地村民以募捐形式进行的体育消费已经成为一种自主的货币化选择行为,也就意味着体育市场的形成。④ 除了募捐,比赛也直接带动了当地经济。比如去年火遍大江南北的贵州台盘村,在举办"村 BA"赛事期间,"球场周边专门划定几十个摊位让村民卖小吃,赛事组织方只收取几百元的摊位卫生费,大量的人流涌进台盘村,带火了当地的小吃和农产品,村里有的小摊位每天能赚 1 万到 2 万块钱。"⑤ 大屯村的篮球赛则因采用更现代化的运营模式而带来更高的经济收入。一方面,像一般的村际篮球比赛一样,当地群众可以摆摊,另一方面,因观赛人数众多,也使当地餐饮、住宿、商场超市大为受益。村书记朱裕鹏介绍:"据不完全统计,2021 年,门票收入 200 多万元、直播分成 40 多万元、停

---

① 国务院.国务院关于印发全民健身计划(2021—2025 年)的通知[EB/OL].http://www.gov.cn/zhengce/content/2021-08/03/content_5629218.htm,2021-07-18/2022-10-10.

② 靳锦.野球江湖:你不了解的另一种中国[EB/OL].https://www.huxiu.com/article/330148.html,2019-12-10/2022-09-13.

③ 纪录片《决赛日》第 20 集"在贵州野球场上,玩一场'生存游戏'"文字资料。

④ 崀伟.篮球运动融入闽南农村民俗节庆文化现象的启示[J].山东体育学院学报,2013,29(03):28-31.

⑤ 陈媛媛."农"味十足的"村 BA"为何火出圈[EB/OL].https://www.163.com/dy/article/HEIQ2JO40512D3VJ.html?f=post2020_dy_recommends,2022-08-12/2022-09-22.

车费收入大约20万元、摊位费7万多元,篮球比赛直接收入总计300多万元,而带动餐饮、商超等其他产业累计创造收入也有300余万元。"① 关键是赛事收取门票,还进行网络直播。大屯村村级合作社常务理事长朱勤黎介绍到"推行线下门票和线上付费观赛是为了平衡赛事成本。"每年大屯篮球赛的赛事成本高达数十万元,全部由村里出资,压力不小。市场化改革后,线下门票和线上付费收入不仅实现了成本覆盖,还产生了部分收益,推动赛事可持续发展。② 由此可见,篮球赛事在部分农村,俨然已成为村民致富的支柱产业。随着篮球在乡村的普及、场地设施的提升和赛事管理水平的提升,这样的比赛和村庄在中国越来越多。

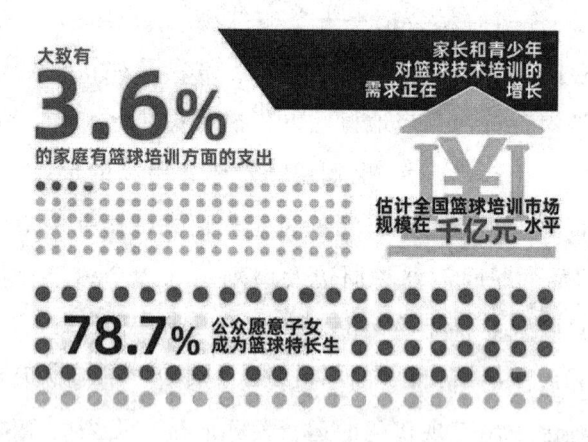

图4-8 2021年发布的《中国篮球运动发展报告》相关统计

其次,以城市为主的篮球培训行业也成为体育产业的重要贡献来源。业内人士在2019年就预测,"……未来10年,青少年健康将成为国家关注的重点,建议现在开始深挖幼儿、学龄前、少儿、青少年的健身运动发展。"③《中国篮球运动发展报告》(2021)显示,约有3.6%的家庭有篮球培训方面的支出,我国篮球培训市场规模可达千亿。(如图4-8所示)如

---

① 向淳,胡玉山,杨曦,杨小友,张赛.乡村篮球赛"比肩"CBA[N].贵州日报,2022-07-26(011).

② 罗宇.从一个小山村看乡村篮球赛的"市场化"之路[EB/OL].https://www.sohu.com/a/574983555_267106,2022-08-07/2022-09-13.

③ 王辉.健身休闲产业调研座谈会聚焦青少年培训[N].中国体育报,2019-05-19.

今,体育培训机构已经成为青少年的"第二课堂",篮球培训更是潜力最为巨大的行业之一,表现出超强的优势。第六次全国体育场地普查数据显示:全国170万个体育场馆中,篮球场馆59.64万个,占36.22%位居第一。据《2018中国篮球产业白皮书》显示,20岁以下和25至35岁两个典型群体中,反馈身边好友最喜欢篮球的网民占比52%和40%左右,为所有项目中最高。[①]

有调查显示,2018年57.6%的篮球培训机构实现盈利,87%的培训机构比2017年实现净利润上涨。[②] 2019年,56%的篮球培训机构盈利,31%的机构能够保持收支平衡,仅有13%的机构亏损。疫情常态化下,足篮机构营收状况存在明显差异,篮球机构盈利状况明显优于足球机构。[③] 随着篮球培训市场的发展和网络的便利,微信小程序、手机APP等成为新的网络篮球共享平台,为篮球培训机构的盈利提供了重要支撑。[④]

除了培训,社会机构也通过打造篮球赛事介入篮球产业市场。2014年《国务院关于加快发展体育产业促进体育消费的若干意见》明确提出,支持各地打造一批有吸引力的优秀品牌赛事,丰富业余体育赛事。8年过去了,国内业余篮球赛事IP已初见规模。2016年虎扑推出路人王,目前已形成相当完善的赛制体系,注册球员近13万名,总计举办1000余场比赛,共计产生20余万局单挑对决。成为国内影响力最大的民间业余篮球赛事。[⑤] 由前CBA职业球员林晨耀创立的国民级品牌准者体育,自

[①] 王辉."培训+赛事"驱动青少年篮球市场发展[N].中国体育报,2019-08-15.
[②] 中国产业研究报告网.2022-2028年中国篮球培训机构市场深度调查与市场需求预测报告[OB/OL].http://www.chinairr.org/report/R13/R1303/202207/15-495189.html,2022-07-15/2022-09-20.
[③] 清华体育产业研究中心.星火指南|总结篇——稳扎稳打循序渐进青少年体育培训一直在路上[OB/OL].https://www.163.com/dy/article/G879AESL0529DBLQ.html,2021-04-22/2022-09-20.
[④] 王辉."培训+赛事"驱动青少年篮球市场发展[N].中国体育报,2019-08-15.
[⑤] 王博文.新媒体背景下的民间体育赛事品牌传播——以虎扑"路人王"篮球赛事为例[J].新媒体研究,2021(09):109-112.

2014年成立以来年营收复合增长率超50%(自有品牌超80%),成为专业篮球装备领域龙头企业。篮球套、篮球袜全网销售第一,篮球护具、篮球等品类全网销售位居前三,同时继续积极拓展赛事、场馆、训练营等,极大地带动了体育市场消费。① 新浪体育总经理魏江雷认为,赛事既是聚集人的关键,也是贡献体育产业发展的核心形式。只有通过赛事把体育爱好者聚集起来,体育运动的商业化才能顺利进行。如今,这样的赛事在线上线下都越来越多,越来越大。如前面提到了"城市传奇"以网络约战为特色,形成了一个全国范围的篮球赛事平台。而"NYBO"则在线下的几十个城市打造全国性甚至国际赛事。此外,街头篮球、3V3等赛事也实现了商业化和专业化,规模动辄超过10万人。

三、社会功能:社会治理的体育方式

作为一种群体性的体育运动,篮球成为有着共同爱好和信仰的人们聚集的方式,在不同的社会背景中展现着不同的政治功能。美国街头篮球以其对黑人的拯救和反抗种族歧视而著名,前者,以洛克公园创始人Rucker为代表。在《嘻哈部落之街头篮球》中,马陌上对Rucker进行了介绍。

全世界打街球的人都得尊称Rucker为"教父",……在那里,他组织起一个分不同年龄段的篮球联赛。他的目标是用篮球吸引孩子和青年人,让他们远离街头暴力和各种犯罪。他的目的事实上也达到了,"他把上千个孩子送进大学,把更多的孩子从监狱的大门口拽了回来。"60出头的莫利斯言语间对伟大的Rucker充满了敬意。20世纪四五十年代,黑人球员还受着许多不公正的待遇。Rucker用自己的劝导和一封封推荐信,帮助许许多多年轻球员走上篮球的正轨,远离街头的罪恶。

在街头篮球风靡世界的当今,很多人不知道美国街头篮球充满着黑

---

① 媒体滚动.篮球产业链与生态圈风生水起,准者体育收获数亿元B轮融资[EB/OL]. https://finance.sina.com.cn/jjxw/2021-12-29/doc-ikyakumx7077509.shtml, 2021-12-29/2022-10-10.

人的血泪史。在 20 世纪 60 年代的 NBA 和美国大学篮球场,是白人的天下,黑人根本没有参与的机会。在当时美国对黑人"最后雇用,最先辞退(last hired, first fired)"的社会中,种族歧视和矛盾极为严重。正如《Glory Road(光荣之路)》展现的一样,黑人在篮球圈的奋斗之路充满了艰辛和屈辱。主人公哈金斯和他的队员们,不仅要面对赛场上强大的白人对手,还面对来自整个美国社会种族偏见和暴力,可以说,街头篮球的诞生,是美国种族冲突历史的缩影。黑人群体通过表达他们对生活的希望和梦想,以及他们处理死亡和绝望的方法,赋予篮球运动以特殊之义。① 由此而来的是,街头篮球追求的不只是"体育精神",更多的是一种"展示自我、解放自我和追求自由"的精神。②

而在当今的中国,篮球的社会意义更多地体现在促进社会和谐方面。首先,篮球为民众提供了一种健康向上的生活方式。20 世纪末,六合彩、传销成为广西农村的顽疾,成为年轻人消磨时间的不良活动。通过举办篮球比赛,大大调动了年轻人的积极参与,同时,作为现代文明的标志,篮球也在规训着这些年轻人的行为,让他们更加符合现代化建设的要求。③宁夏西海固地区乡村篮球赛事组织者说:"大赛事推动了更多村级联赛,村民文化生活更丰富了,农闲时喝酒、打麻将的人都少了。"④玉林市百镇千村篮球大赛则将比赛打造成展示乡村民众良好精神风貌的舞台,球赛正如米歇尔·福柯笔下的"治理术"。⑤ 起到了"多一个球场,少一个赌

---

① Spencer Dew. Black Gods of the Asphalt:Religion, Hip - Hop, and Street Basketball. By Onaje X. O. Woodbine. New York: Columbia University Press, Pp. 224. Cloth, $30. [J]. Religious Studies Review, 2019, 45(2).
② 紫气东来网. 从电影再到游戏,街篮的背后承载了美国黑人的血泪史[EB/OL]. http://k.sina.com.cn/article_6471441060_181ba5aa400100pc0o.html, 2020－06－25/2022－09－15.
③ 李鹏,王金红. 象征与隐喻:广西壮族篮球赛的人类学研究[J]. 黑龙江民族丛刊, 2021(06):139－144.
④ 马思嘉,黎广滔. 一颗"沸腾"的农民篮球[EB/OL]. https://www.chinaxiaokang.com/wenhuapindao/tiyu/2021/0709/1198470.html, 2021－07－09/2022－09－22.
⑤ Foucault Michel. "Government" in Michel Foucault[M]. Power, edited by James D, 2000.

场"的作用,成为构筑健康、文明、和谐村风、民风的重要方式。① 在百色市德保县都安村,一位赛场组织者说,"我们坚决严惩赛场上的不文明行为,如果有人吐口水、讲粗话或起哄,我们会扣掉他们5分。"可见,篮球赛成了规范乡民文明行为的一个公共场域。通过举办球赛,"打架和赌六合彩的人越来越少,人们开始迷上了篮球,一没事就会上篮球场较量较量。"②贵州乡村以前没有篮球赛的时候,人们农闲时就聚在牌桌、酒桌,久而久之乡村乌烟瘴气。通过篮球赛,醉酒等逐渐销声匿迹,人们或练球或比赛,或忙于比赛组织,或忙于借比赛做生意,精神面貌焕然一新。③

除了促进乡村民众"讲文明,树新风",乡村篮球赛还增进了人们的沟通交流,使地方社会更加和谐。田阳县百育镇镇长说:"我们镇有6个村,过去由于'三林'纠纷,村与村之间互不来往,关系很僵。我们下村开展协调工作,还要带酒菜到农民家,一面喝酒一面说理,但这一招后来也不怎么灵了。现在好了,乡镇干部下村与村民打一场篮球,然后一起吃饭,什么纠纷、难事就都解决了。这是因为,在球场上不论干部还是村民,都是运动员,地位平等,干群关系变得比较融洽。"④在乡村社会治理中,篮球因其"不打不成交"的社交功能而取代了传统酒场,成为基层干部融入群众、解决民众矛盾纠纷的法宝。一方面,用篮球化解矛盾比喝酒更加健康,另一方面,这种工作的效果更为持久。对于基层社会之力而言,篮球比赛还具有普法的功能。有村干部说:"要是想打好比赛,看懂比赛,队员和村民首先要了解哪些动作允许,哪些动作不允许。脑子里慢慢就有了规则。能学好规则,就能明白法律是怎么回事。所以,我们现在普法比以前容易多了。"⑤此外,篮球还成为人们缔结姻缘的媒介。随着大批农民

---

①潘燕.2020年玉林百镇千村篮球大赛开赛[N].玉林日报,2020-01-21.
②辛明.广西开展万村篮球大赛小比赛解决农村大问题[N].中国青年报,2006-09-28.
③野球帝.冠军奖1300斤的黄牛!"村BA",为何会爆火? [EB/OL]. https://www.163.com/dy/article/HEDIJB670529DAVR.html? f=post2020_dy_recommends,2022-08-10/2022-09-15.
④辛明.广西开展万村篮球大赛小比赛解决农村大问题[N].中国青年报,2006-09-28.
⑤辛明.广西开展万村篮球大赛小比赛解决农村大问题[N].中国青年报,2006-09-28.

流向城市务工,在城市找对象成为一个难事,但篮球赛使青年男女获得了公开交流的机会。

  总之,村落篮球社会功能的发挥,根本上取决于篮球能够把大家聚在一起。尤其是依托传统民俗节庆的篮球赛,比传统节庆本身发挥着更大的凝聚族群共同体的作用。在国外学者对一场大型部落仪式的考察中证实了这种传统民俗节庆的集体认同与凝聚力的功能[①]。正因此,姚明评价村 BA:在篮球赛之外,它聚集了十里八乡的乡亲们,结合极具民族特色的表演,使之成为一个小型的盛会。[②] 在篮球氛围良好的大屯村,村书记朱玉昌说:"这么多年来篮球赛事越办越好,人气也越来越旺。每次比赛,村里比过年还热闹,全村老少都会去看。"[③]正是由于篮球运动的广泛开展,才使村民告别深居简出的生活,置身于一个自由、平等、快乐的体育氛围之中,在相互交流中促进彼此的理解,使人际关系和基层社会更为和谐。

[①]Steven Aicinena,Sebahattin Ziyanak. Examining the Gathering of Nations Powwow and a NCCA Division I basketball game[J]. Journal of Human Sciences,2019(3).

[②]根据"街球人物"发布视频《姚明专门出视频回应的贵州村 BA 篮球赛,它有什么样的魅力?》整理。https://www.bilibili.com/video/BV1st4y1g7hj/? spm_id_from=333.999.0.0.

[③]向淳,胡玉山,杨曦,杨小友,张赛.乡村篮球赛"比肩"CBA[N].贵州日报,2022-07-26(011).

第五章 篮球职业化与产业化研究

第一节 "野球"文化的影响力分析

"野球"作为篮球领域的一个热词,既反映了篮球运动普及的广泛,也意味着"非职业"篮球形成了强大的体育文化潮流。一方面,篮球爱好者在投身"野球"之中的同时,无形中汇聚成促进中国篮球发展的巨大力量;另一方面,社会组织、官方充分动用网络和资本的力量,极大地推动了"野球"的规模化、体系化和市场化。"野球"已然成为一个关联多元社会角色、涉及多重参与目的、覆盖不同社会阶层的复杂体育形态。因此,将"野球"作为一个学术探究的焦点,既是对篮球发展趋势的理论审视,也对指导篮球的社会化发展、反思体教融合等具有重要的现实意义。

"野球"属于中国篮球的一种,其在中国篮球文化中占据着独特的地位,它不仅是一种非正式的篮球比赛形式,更是中国篮球文化的重要组成部分。这种形式的篮球比赛,与职业篮球联赛(如 CBA)不同,更多地体现了草根篮球的魅力和活力。"野球"在中国篮球文化中的特点和影响的具体分为以下几个方面。

一、中国篮球文化的影响力

(一)草根篮球的代表

"野球"被视为"草根篮球"的代表,它起源于民间,深受广大篮球爱好者的喜爱。这种形式的比赛没有职业联赛那样的严格规则和结构,更加注重参与的乐趣和竞技的激情。

（二）广泛的群众基础

"野球"拥有广泛的群众基础，吸引了众多篮球爱好者参与。在中国的许多地方，特别是东南沿海地区，如福建晋江和泉州等地，"野球"文化尤为盛行。

（三）独特的比赛形式

"野球"比赛通常在村级或社区级别的场地进行，比赛规则相对灵活，有时甚至会根据参与者的水平和场地条件进行调整。这种比赛形式不仅锻炼了球员的实战能力，也为他们提供了展示才华的舞台。

（四）与职业篮球的互动

虽然"野球"与职业篮球在训练水平和竞技标准上存在差距，但两者之间的互动也为草根球员提供了向职业篮球进阶的机会。一些表现出色的"野球"球员甚至能够通过选秀进入CBA，这在一定程度上促进了中国篮球的发展。

综上所述，"野球"不仅是中国篮球文化的一种表现形式，也是中国篮球发展的重要组成部分。它通过提供广泛的参与机会和独特的比赛形式，为职业篮球输送了大量人才，同时也丰富了中国的体育文化生活。

"野球"有广义和狭义之分。广义的"野球"，指队伍无相对稳定建制和长期系统训练的非职业篮球赛。主要分为三种：生活中常见的篮球爱好者聚集到一起进行的比赛、以赢取奖金为目的的民间篮球比赛和民间自发组织的业余联赛。而狭义的"野球"，则专指"有奖金的业余比赛"，本研究将其称为"职业野球"。从缘起、发展动因和趋势看，首先，"野球"之所以在中国成为一个重要的体育文化现象，与厚重的城乡篮球传统紧密相关。其次，"野球"之所以迅速发展，得益于经济发展、篮球培训和街头篮球等推动。经济发展为野球发展提供了物质基础，街头篮球的兴起加速了"野球"的普及和技术提升，篮球培训机构、网络短视频为少年儿童提供了训练、比赛的平台和途径。从长远看，"野球"领域的篮球生态将持续优化，非职业领域的篮球分层布局将日趋合理；随着网络化、商业化的深入，"野球"将线上线下有机协同更为紧密；非职业领域篮球整体水平将获得较大提升。

二、野球的文化特征

野球的文化特征具体包括三个层面。

(一)物质层面

野球具有优劣皆宜的特点。参与其中的篮球爱好者水平参差不齐,角色身份复杂;场地设施良莠不齐,既存在着城乡差距,也有专业和非专业的差距。尽管当前篮球场地无法满足野球发展需要,但激情和热爱足以抵消场地的不足;比赛规模因比赛性质和目的不同而大小不一,野球赛事规模呈迅速扩大趋势,为篮球爱好者提供了更多的机会和更为广阔的空间。

(二)制度层面

野球呈现因球而聚的特色。首先,因各种野球的目的不同,其组织运作各有特色。职业野球从本质上是以赢球为目的的利益交换。非利益型的野球因目的不同也有着不同的组织形式,突出表现在商业化和官方介入程度的差异。其次,球场规矩不拘一格,"无目的、无利益"的健身娱乐型野球规则约定俗成,"有目的、无利益"的普及推广型野球追求规则的标准化和独特性,而"有目的、有利益"的利益关切型野球在职业化规则套用中多有对规则的故意破坏。最后,在野球空间里,篮球参与者具有很强的流动性。以健身娱乐为主的自由野球是小范围的自由组队,职业野球参与者跟随金钱的指挥棒走遍全国各地。球员在不同层次野球圈子的纵向流动性也越来越大。

(三)精神层面

野球参与者以热爱为根本动力。首先,作为一种集体性的体育项目,篮球有着天然的社交功能。篮球的社交性既有朋友之间的友谊,也有利益争夺中的人情世故,使参与其中者以篮球认识社会和人生。其次,无论是以休闲娱乐为主的中老年群体,还是以篮球为梦想的青少年,甚或以篮球为生的职业野球手,都充满对篮球的热爱,表达着对美好生活的向往和追求,汇聚成中国非职业篮球发展的巨大力量。最后,野球世界充满理想与现实的矛盾。对于绝大多数投身职业野球的球员来说,在无法进入职业赛场或无法继续从事职业篮球之时,他们只能选择投身"老板的游戏",将篮球作为谋生手段。

三、"野球"的社会文化功能

"野球"的社会文化功能表现为两个方面。

(一)本体功能

作为职业篮球之外庞大的篮球体系,野球在促进中国篮球本体发展方面发挥着"优化生态"的作用。野球因其涉及多层次、多群体、多样态,通过人员的流动、赛事的商业化等极大促进了篮球生态优化。首先,野球成为职业篮球与非职业篮球沟通协作的桥梁,为非职业篮球水平整体提升发挥了积极作用;其次,作为野球中的一个部分,校园篮球的重要性与日俱增。对青少年而言,校园既是其通过打球获得人生提升的方向,也是他们向职业篮球进发的起点;最后,在职业篮球因其体制内性质而遭遇诸多问题的当今,中国野球的快速发展将为职业篮球提供更多的后备人才,巨大的野球市场同时为职业球员延续篮球生命提供了广阔的空间。

(二)衍生功能

野球的衍生功能表现在教育功能、经济功能和政治功能三个方面。野球在少年儿童身心健康方面具有特殊的教育意义,在促进青少年身心健康的过程中形成正能量的体育亚文化;野球在中国乡村的风靡结合网络化的组织运营,极大地促进了乡村经济发展,其赛事的正规化、商业化和社会化,使之成为拉动城乡经济发展的一股体育产业力量;同时乡村篮球赛事的风靡增强了人们的交往,以体育运动的正能量极大地促进了基层社会的和谐,成为辅助基层社会治理的体育正能量。

反思野球的发展,我们可以获得如下启示。

第一,野球作为一个大的篮球生态,对校园篮球发展具有借鉴意义。首先,野球的兴盛和风靡是资本、社会、政治等多重因素主动形成合力的结果。其次,野球的火爆是职业篮球与非职业篮球不断融合的结果。最后,野球技术水平的普遍提升是专业化训练方法和体系"下移"民间的结果。

第二,在以之为乐休闲健身的同时,我们不应排斥野球的商业化。在职业球员上升通道太窄的当下,不同层级(乡村、村镇、城市)的篮球比赛的商业化运营,可以为不同水平的篮球爱好者和追梦者提供生存空间。尤其随着网络短视频的兴起,更多的篮球爱好者可以通过篮球特长展示自己并获得收益。商业化并非职业篮球的专利。

第三,"营利型"的职业野球也是野球的一种不可或缺的形态。一方面,它可以成为职业野球手维生的方式,使更多高水平的篮球爱好者留在球场;另一方面,比赛的高水平因极具观赏性而具有提升地方篮球氛围甚至促进地方治理、拉动地方经济的作用。当然,不能让职业野球成为民间的篮球"黑市",需要在法律层面为其开展提出底线要求。

第四,官方应合理定位自身角色。野球领域的篮球比赛具有突出的民间自发组织性质,我们不能以"政府主导"而对所有篮球比赛进行"一言以蔽之"的"建议"。野球具有很强的地域性,因不同地域文化差异较大,政府应根据城乡之别、民族之异等确定自身介入的方式和程度。

第二节 篮球运动职业化

一、篮球产业与篮球产业化

中国篮球在我国运动项目中具有"五个第一":参与人数第一;运动场馆第一;媒体正面报道第一;市场潜力第一;国际影响力第一。篮球有潜力,应当成为我国体育产业中的支柱产业。

发展篮球产业的实践,需要有科学的体育产业理论的指导。当前,有关篮球产业的研究和讨论逐渐增多,各种学术观点异彩纷呈。关于体育产业的概念,前文中已经做了详细讨论,篮球产业作为体育产业的重要组成部分,应该与体育产业有相同的内涵。理解了体育产业的内涵,也就能很好地理解篮球产业的概念了。

所谓体育产业化指的是体育发展要适应社会主义市场经济的基本要求,在符合体育运动基本规律的基础上,充分发挥体育的经济功能,建立体育市场运行机制,培育和开发体育市场,使体育在市场经济中不再是依赖国家,依附于其他事业的福利型公益事业。而是同其他产业一样必须遵循市场经济的普遍规律,按照市场经济机制运行,实现体育事业的良性循环发展。即按社会化大生产的规律对体育领域内的人力、物力、财力、技术等进行重新整合,以提高体育产业的整体素质。篮球产业是整个体育产业的重要组成部分,两者具有相同的内涵,对篮球产业化内涵的理解也就十分清晰了。

二、篮球职业化

(一)职业篮球

通过查阅文献发现关于职业篮球的研究相对较少,但从已有的研究来看,学者们的基本观点高度一致,认为职业篮球是相对于业余篮球而言的,其根本区别在于商业性和职业性,职业篮球最突出的表象特征是商品化色彩的全面渗透。

(1)以职业体育的社会属性和商品属性为基点,认为职业体育是向社会提供体育和文化服务的活动。职业体育是在商品经济充分发展和体育市场不断扩大和完善的条件下,自觉应用价值规律,利用高水平竞技运动的商品价值和文化价值,参与社会商品活动和社会文化活动。使竞技体育运动员获得优厚报酬,并为社会提供体育和文化服务活动。这个概念强调了职业篮球为社会提供一种体育和文化活动,高水平的竞技运动具有商业价值和文化价值,竞技运动员获得优厚报酬,竞技体育是商品经济和市场经济发展到一定阶段的产物。

(2)以参加者的工作性质为基准,认为职业体育是参加者把体育作为一种基本的生存手段。顾名思义,业余篮球是业余性质的,参与者另有职业,只是把篮球当做一种娱乐、强身的手段;而职业化篮球则是职业性的,参与者是把它作为一种事业追求和生存的主要手段。此概念强调职业篮球的职业性,利用马克思的剩余价值理论来分析,职业性就是劳动者利用这种职业获得报酬来满足基本的生存需要,以及其他的文化娱乐活动等,为以后的再生产做好准备。

(3)从宏观的角度来解释职业体育,把职业作为一种经济活动的运作体系来理解。职业体育是指一种运动项目为劳务性的生产和经营,围绕该项目生产发展而形成相对独立和完整的商业化、企业化经营体系。职业篮球是在商品经济充分发展与篮球文化市场不断扩大的前提下,自觉应用价值规律,利用高水平竞技篮球比赛的商品价值与文化价值,参与社会商业活动以及社会文化活动,并通过篮球市场使运动员获得高额生活收入,使经营实体(俱乐部)获得社会效益和经济效益的竞技篮球运动体制。职业篮球的实质,是篮球竞技能力潜在的商品价值与文化价值,在实行商业服务和篮球文化服务的过程中所产生的价值交换和价值转移。职业性、商业性、文化性和企业化经营是职业篮球最本质的特征。这里强调职业篮球是一种经营体系;经营实体是俱乐部;运动员获得高收入;高水平竞技比赛具有商品价值和文化价值;企业化和商业化是职业体育的特征。

综上所述,可以归纳出职业体育(篮球)包含的基本内容:经营的主体是职业体育(篮球)俱乐部;经营的方式要遵循市场经济的规律;经营的目的是获取最大经济利益;核心产品是竞技性比赛,该产品具有商品价值和文化价值;职业运动员以参加此项(篮球)运动作为生存的手段;职业体育俱乐部和职业运动员本身可作为商品进行转换。

职业篮球作为职业体育的一个分支,也应该具有职业体育的特征和基本内容。从职业篮球的起源和发展的条件来看,它是市场经济条件下的产物,它从诞生起就是以获取最大化利益为目的,它的运营是依靠职业篮球运动员的竞技能力构成的竞赛为主产品的,因此,它应该是使这些都能得到保证的经营体系。这一经营体系包括经营实体(职业篮球俱乐部)、经营产品(篮球竞赛或球员)、运营机制(决策机制、动力机制、约束机制、协调机制)、市场主体(经营者、赞助商、广告商、电视转播机构、消费者等)之间相互关系以及中介机构等一个完整系统。这一体系的运作过程必须按照市场经济的规律(竞争规律、价值规律、供求规律)行事。通过分析,职业篮球的内涵是以职业篮球俱乐部为实体,以职业篮球运动员的竞技能力和竞赛为基本商品,以获取最大利润为目的的经营体系。

(二)职业篮球产生的社会条件

19世纪晚期至20世纪初期,职业体育在欧洲兴起,出现了职业体育俱乐部并迅速发展,逐渐成为世纪之交引人注目的社会文化现象,它的发展大致经历了三个阶段。作为职业体育俱乐部一分子的职业篮球兴起于美国,是在职业体育发展的大背景下产生和发展的。20世纪初,美国出现了职业篮球的雏形,经历了初创、完善和产业化、国际化三个阶段。初期主要是大学篮球俱乐部之间的比赛,运动员以获得奖学金为报酬,以参加比赛为主职。后来主要由企业参与资助或企业组建俱乐部,利用比赛扩大影响、推销产品,或直接获利。进一步发展便是建立起独立经营的职业篮球俱乐部,不断开发篮球市场,开展多种经营,出现了职业篮球产业化趋势。在国际篮联允许职业篮球运动员参加1992年奥运会后,国际篮联开始关心职业篮球的发展,职业篮球的国际化趋势日渐明显。所以说,职业篮球的发展和兴起,依存于当时的社会条件。

商品经济、市场经济的充分发展和篮球潜在市场的存在是职业篮球生存发展的外部条件。而篮球运动的社会化、篮球竞技水平的提高和职业篮球组织的企业化是职业篮球生存发展的内在条件。

(三)篮球职业化

所谓篮球职业化,是指在商品经济高度发展和体育文化市场不断扩大的条件下,以把篮球作为谋生手段并获得高额报酬的高水平运动员为主体,以符合现代企业制度的篮球俱乐部为基本组织形式;按照市场经济的运行规律,利用高水平篮球竞技的商品价值和文化价值,参与社会商业活动与社会文化活动,并在获得经济收入的同时,满足人们精神享受需要的一种竞技体育运作模式。在这一定义中,"篮球职业化"是种概念,"满足人们精神享受需要的一种竞技体育运作模式"是篮球职业化的属概念,"以把篮球作为谋生手段并获得高额报酬的高水平运动员为主体,以符合现代企业制度的篮球俱乐部为基本组织形式;按照市场经济的运行规律,利用高水平篮球竞技的商品价值和文化价值,参与社会商业活动与社会文化活动,并获得经济收入"是种差。在反映属概念与种概念的关系上,"满足人们精神享受需要的一种竞技体育运作模式"的外延大于"以把篮球作为谋生手段并获得高额报酬的高水平运动员为主体,以符合现代企业制度的篮球俱乐部为基本组织形式;按照市场经济的运行规律,利用高水平篮球竞技的商品价值和文化价值,参与社会商业活动与社会文化活动,并在获得经济收入的同时,满足人们精神享受需要的一种竞技体育运作模式"。在其内涵上,"篮球职业化"除了具有"满足人们精神享受需要的竞技体育运作模式"这一属概念的基本属性外,还具有"按照市场经济的运行规律,利用高水平篮球竞技的商品价值和文化价值,参与社会商业活动与社会文化活动,并获得经济收入"这一内涵属性。种概念的内涵多于属概念的内涵,符合逻辑学中属概念与种概念的内涵与外延具有反变关系的规则。

通过反复的研究并结合逻辑学的观点,最终他们把"篮球职业化"定义为:"按照市场经济的运行规律,利用高水平篮球竞技的商品价值和文化价值,参与社会商业活动与社会文化活动,并在获得经济收入的同时,满足人们精神享受需要的一种竞技体育运作模式。"

第三节 中国职业篮球运动与发展

一、CBA 职业俱乐部的运作模式

(一)CBA 职业俱乐部的运作模式分类

CBA 职业联赛各俱乐部的运作模式不尽相同,这也是我国篮球发展

过程中的历史遗留问题。现阶段,俱乐部的运作模式主要有官办、联办、企业办三种。

1. 官办

运动队由国家包下来,经费来源于政府而无后顾之忧。球员缺乏上进心和敬业精神,运动技术水平难以提高,与现阶段社会主义市场经济体制不相适应,弊端较多。

2. 联办

运动队不再完全依靠国家,经费主要由企业赞助,运动员的收入较前一种模式有所提高,因而在一定程度上提高了运动员训练、竞赛的积极性,球队也给企业带来一定的广告效应。但运动队的经费要受企业经营状况的制约,从而难以得到保证。俱乐部与企业共同经营管理,产权难以明确,受行政干预较多,管理较困难。

3. 企业办

企业成为投资主体,对俱乐部实行企业式的管理,给俱乐部带来了生机与活力。然而企业对如何管理俱乐部没有经验,对篮球运动的发展规律缺乏足够的认识,而且俱乐部同样受企业经营状况的影响。

(二)NBA在中国的快速发展

NBA在中国快速发展,主要有几个方面的原因。

第一,中国媒体对NBA的大面积报道。随着改革开放进一步深入和市场经济初步发展,进入20世纪90年代中期以来,我国国民生活质量得到很大提高,人们开始重视体育的健身功能,篮球运动因极具观赏性得到普及。为满足与日俱增的篮球迷的需要,我国媒体对当时已经享誉全球的NBA报道日渐增多。中国媒体对NBA的大面积报道,大大加快了NBA在中国的传播速度。

第二,中国篮球联赛职业化改革的需要。随着中国篮球联赛开始实行职业化改革,力图把联赛推向市场,并着力吸收NBA的先进经营理念,NBA与中国篮球的交流变得频繁。

第三,球员球迷文化活动增多。中国篮球市场的不断升温,也引起了众多 NBA 球星的兴趣，他们开始了各自的访华旅行。NBA 球星来华与中国球迷见面及双方的交流活动，巩固了 NBA 在中国的群众基础，使 NBA 在中国有更多球迷。

第四，中国球员登陆 NBA。随着中国 CBA 联赛的发展，我国不断涌现出优秀的篮球运动员，中国人进入 NBA 不再是梦想。王治郅成功登陆 NBA，刺激了中国人对篮球运动的热情，国内再次产生了大批 NBA 球迷，也大大鼓舞了中国年轻篮球运动员向 NBA 进军，并加快了 NBA 抢占中国篮球市场的步伐。

(三) NBA 在中国的深入发展

NBA 在中国已经成为一种新的体育现象、经济现象和文化现象。2002 年 6 月 27 日，NBA 总裁大卫·斯特恩向全世界宣布，姚明以 2002 年选秀状元的身份加盟休斯顿火箭队，成为继王治郅、巴特尔后第 3 位正式登陆 NBA 的中国人。随即在全球引发了"姚明现象"，广大中国人民对 NBA 的关注热度空前高涨，全球华人 NBA 球迷数量迅速飙升，NBA 也把战略眼光指向了中国市场，在中国迎来了大发展时期。

踏入 21 世纪，世界经济一体化趋势更加明显，NBA 借中国加入世贸组织这一契机，在中国刮起了 NBA 商业风，各大企业纷纷与 NBA 合作，一起开拓中国篮球市场。姚明代言的锐步体育用品公司率先与 NBA 合作，大举进军中国市场。

NBA 成为中国社会一种新的文化现象。在超过半世纪的发展历程中，自身沉积着独具特色的文化，在不断扩大全球市场，抢夺全球经济资源的同时，把 NBA 这一美国文化深深地注入世界文化中。NBA 的全球化本身就是一种文化的扩张。在中国，经常看到身挂 NBA 球星的队服，套着 NBA 式大短裤，脚穿 NBA 球星代言的品牌球鞋，或者满身 NBA 饰物，甚至刻着纹身的小伙子走在大街上，不时还来一句美国黑人式的俚语。这让人明显感觉到，NBA 文化已经深深地影响着中国一代人。

在中国，尤其是年轻人，对 NBA 表现出渴求的态势。为满足中国球迷观看 NBA 比赛的需要，国内电视台转播 NBA 比赛的场次一翻再翻。

05～06赛季,已有24家国内电视台转播NBA比赛。中央电视台共转播了96场NBA比赛,包括常规赛、全明星赛、季后赛和总决赛。在由搜狐承建的NBA中文官方网上,球迷能通过视频或文字即时了解NBA比赛,通过手机等通信工具参与互动游戏等等。据统计,NBA中文官方网每日拥有超过300万的点击率。中国男性青年的运动偶像,绝大部分是NBA明星。

二、职业篮球及职业篮球俱乐部的特征与内涵

(一)职业篮球

职业篮球是职业性的,参加者是把它作为一种事业、追求和谋生的主要手段。它的发展受市场机制的调节,是市场经济条件下竞技能力商品化、篮球人才集体化、竞技篮球社会化的必然产物。其基本特征是:高度的技艺性与观赏性;高度的集团化、民族性与国际性;篮球运动的商品性与职业运动员的高收入。职业篮球是以职业球员为主组成的"职业俱乐部"式建制。因此我们称这种受市场机制调节的"职业俱乐部"式建制下的篮球运动组织形式为职业篮球。

(二)职业篮球俱乐部

职业篮球俱乐部是自己组队培养或雇用和租用职业运动员参加比赛和表演,借以提高竞技水平,取得优秀名次,并取得各种方式的实体经营,获取经济利益的社团性组织。

三、职业篮球的作用及对我国篮球运动发展的影响

(一)职业篮球的作用

职业化对篮球运动的积极作用,在于它提供强有力的经济激励机制。职业化激励机制的原动力是经济基础,其经济的主要来源是观众。实际上职员化就是将比赛作为一种商品,生产出来卖给消费者以获得经济利益,反之这种经济利益又刺激着篮球整体水平的提高。

（二）对我国篮球运动发展的影响

对我国篮球运动发展的影响主要表现在：竞技篮球职业化必然会促使我国篮球管理体制改革的进程；职业化篮球有利于提高我国篮球水平，缩短与世界强国之间的差距；竞技篮球职业化将会促进我国产业系统的开发，为我国篮球市场的形成和完善注入新的活力。

四、中国篮球职业化改革现状

中国篮球改革起步于20世纪80年代中期，主要为一些专业队因资金缺乏等原因，而与一些需要扩大影响的企业联办球队。这种结合为篮球向社会化和职业化方向发展打下了基础。一方面，随着人民生活水平的提高，休闲娱乐时间增多，以及NBA在中国的影响日益增强，人们对篮球的热情与期望也不断增长，许多国内外商家对尚未开发的中国篮球市场产生了浓厚的投资兴趣。另一方面，奥运会允许职业篮球运动员参赛导致了职业篮球的国际化，随之带来了篮球观念、竞赛制度、运作方式等方面发生变化。这些内、外部环境的巨大变化加速了我国篮球的改革。突破原有体制的束缚，寻求新的发展路子，成为中国篮球界以及热爱篮球人士共同呼声。在这种情况下，中国篮球抓住外商投资的契机，以竞赛改革为突破口，对男篮甲级联赛制度进行改革。采用主客场赛制，实行运动员转会制度和引进外援制度，从而迈出了中国篮球走向市场的重要一步。初步实现了中国篮球联赛由原来政府办为主向社会办为主的转变；由公益性为主向经营性为主的转变；由专业球队向职业球队转变的三大转变；十年来中国篮球改革实践取得了显著的成效，甲A联赛成功的商业运作，引起了各方面对潜在篮球市场培育和开发的浓厚兴趣，调动了企业办篮球的积极性。国有企业、外资企业、私营企业等各种形式的篮球俱乐部相继出现，篮球管理体制开始向篮球社会化、专业化方面转变。同时赛制的改变及外援的引进，增加了联赛对抗性和观赏性，激发了广大球迷的热情，调动了运动员比赛的激情，中国篮球市场初步形成。十年来，中国职业篮球的发展较好地借鉴了国外职业篮球的成功经验，体现了职业篮球的经济和文化交融的基本特征。

五、我国职业篮球俱乐部科学管理的对策

(一)处理好与篮协、俱乐部之间的关系

在我国,由于改革初期的篮球运动缺乏像国外职业篮球俱乐部所应有的演变历程,我国的篮球协会基本上是体育行政部门的延伸,是在政府部门的授权下管理本项目的事业发展。既要负责整个运动项目的发展和普及,也要负责职业联赛的组织和开展,因而往往产生职业篮球俱乐部与协会利益相悖,产生各种纠纷,如以前的"北京奥神"事件。随着联赛的改革深入,如当时篮协取消了升降级、统一选外援等办法缓和了这方面的矛盾。从长远的发展和依法治体的角度看,篮协还要制定出科学公平的选秀制度,限制工资定额上限,并且还要加强解决体育纠纷方面的立法等,以维持各个俱乐部较为接近的水平,从而将整个篮球市场紧密地联系在一起,推动我国职业篮球的发展。

(二)转变经营理念、提高经营素质

这几个赛季有些俱乐部虽已被推向了市场,但还没有真正形成市场意识、经济意识和企业意识。俱乐部运作观念陈旧,球队的指导思想往往还是更重成绩而不重经营。所以说,俱乐部要逐渐提高管理人员的经营、开发素质,锻炼和培养出一批懂经济、懂法律、会经营的新型的管理者和经营篮球产品的专门人才。

(三)努力培养明星球员,尽早实现篮球裁判员的职业化

俱乐部的实力与影响和明星队员有着明显关系,往往著名的球星在球迷和观众中有很大的影响力。明星的作用不仅表现在比赛的关键时刻,能够使球队化险为夷,而且能够成为广大球迷的偶像,吸引大量的铁杆球迷。并且一些著名的球星还可以推动联赛向着健康、积极的方向发展,如"魔术师"约翰逊和"飞人"乔丹等等。因此篮协和俱乐部要把明星队员的培养放在十分重要的位置。虽然我们的联赛有着一批职业球员,但是裁判员却是半职业的。目前,在联赛中的裁判员,主要是国内现有的

国际级和国家级裁判员,他们是组织和执行比赛的重要力量,也是推动和促进我国篮球运动发展的重要因素。由于他们既要承担繁重的裁判工作又要干好自己的本职工作,所以裁判员没有足够的精力去钻研裁判知识,从而导致他们的水平参差不齐,影响了比赛的精彩程度。

(四)提高联赛的质量,实现俱乐部经营多元化

职业篮球联赛的质量是职业篮球的生命力所在。它是职业篮球的主打产品,是获得经济效益的重要保证,也是提高社会效益主要方式。因此,各俱乐部应狠抓训练,可以在引进外援的基础上,引进国外高水平的教练员;也可以派教练员或运动员去国外篮球发达的国家进行学习,努力提高运动竞技水平。竞赛管理部门也应从赛制、竞赛规则、均衡各队的实力(建立合理的转会与选秀制度)等方面入手,通过改革,提高比赛的观赏性。要加强与新闻机构的联系,充分利用电视、网络、报纸等现代化信息,加强大众传播媒介宣传,扩大广告宣传的力度,树立良好的公众形象。此外,应加强比赛的包装、赛场气氛的营造以及围绕观看比赛的各种服务性设施建设。如:通过比赛间隙啦啦队的表演、背景音乐、歌手表演、吉祥物的表演(如扣篮等)、观众游戏抽奖等手段烘托赛场气氛;通过出售各种纪念品、小吃、参观运动员休息室等服务来满足球迷的各种需求。

(五)实行主教练全权负责制,充分发挥主教练的主导作用

目前不少职业俱乐部领导管理俱乐部的具体工作,又参与球队的内部管理,这样既不利于教练员全力施展手脚,也不利于球队的发展和进步,当然也不利于俱乐部正常运转和发展。实行主教练全权负责制,充分发挥主教练的主导作用,在组织制度上确立教练员的主导作用,也就是说俱乐部要把实权全部交给聘任的主教练。各俱乐部要想取得好成绩,至关重要的就是俱乐部领导要正确处理好俱乐部与教练班子的关系。

(六)建立与职业篮球相配套的后备人才培养体系

中国改革"渐进式"的特点和中国现阶段"双轨制"并存,使得中国目前及今后相当长一段时间内,应走多元化的后备人才培养道路,但要有所侧重。如:以俱乐部自身培养体系和小学、中学、大学一条龙培养体系为

主,可尝试在中小学篮球俱乐部、大学高水平篮球队引进专业运动队的教练员,提高训练水平。要制定并实施青少年篮球发展计划,鼓励社会各方面兴办篮球学校、组织开展多种形式的篮球活动,如夏(冬)令营、三打三比赛、小篮板工程等。

我国职业篮球俱乐部尚处于探索发展阶段,因此应进一步理顺俱乐部的管理体制,完善俱乐部的组织形式,使俱乐部沿着创建—发展—完善—高度职业化的方向发展。同时,我国的国情与欧美不同,因而不能照搬国外的模式,一方面应借鉴国外已有的成果和经验,另一方面要跳出现有的理论模式,在一个新的高度上来研究我国职业篮球俱乐部的发展模式,以创建有中国特色的职业篮球俱乐部,促进我国篮球职业化的进程。

六、"中国篮球城"与街头篮球

(一)"中国篮球城"建设分析

为了深入贯彻《全民健身计划纲要》的要求,进一步推动竞技篮球运动全面发展,通过评选"篮球城市"来促进群众篮球运动的开展,以及适应竞技体育改革的要求,为我国的篮球运动可持续发展奠定基础,同时也促进了城市的精神文明与物质文明建设,提升了城市文化品位。

国家体育总局从1999年开始评选"全国篮球城市",迄今为止已经进行了两次评选活动,根据以上的标准和办法共有15个城市被评为"全国篮球城市"。

要使得我国在社会转型时期群众篮球运动取得长足的发展,必须采取的对策:第一,争取国家政策支持;第二,营造良好的群众篮球运动环境;第三,强化群众篮球运动的基础设施建设;第四,推动群众篮球运动的市场化发展;第五,以繁荣校园篮球运动为突破口,促进群众篮球运动的可持续发展。群众性篮球运动的开展除了应该具备开展篮球运动所必备的场地设施等物质条件外,如何调动参与者的主体积极性和采取科学合理的管理方法与措施,是群众性篮球运动能否持续有效开展的关键因素。

这一部分的研究成果,大多以群众篮球的开展现状,篮球后备人才的培养和篮球运动训练模式等内容为研究主体,针对"篮球城市"的研究成果并不多。主要集中在"篮球城市"的篮球运动管理模式方面、群众的参与方面和篮球运动项目的普及程度方面。我国"篮球城市"的管理体制处于初步发展阶段,对如何具体构建城市篮球运动的管理模式还需进一步研究。

(二)街头篮球

街头篮球起源于20世纪40年代的美国,是篮球运动的一种延续和发展,是基于现代篮球运动基础之上的一种篮球运动形式,包括不同人数的对抗比赛、花式篮球表演、扣篮表演等各种运动方式。街头篮球除具有篮球运动竞争性、趣味性、健身性等一般特征外,还具有条件宽松,易于开展;形式多样,内容新颖,观赏性、娱乐性强;宣扬个性,崇尚时尚等自身的特点。因其风格独特别具魅力,深受广大青少年所喜爱,很快就在世界各地传播。

街头篮球充满激情、动感时尚、张扬个性,作为一种文化形态,它的出现和流行不是偶然的,它与时代的社会经济、文化等背景因素紧密相连,它是诸要素合力的结果。之所以能够流行起来,除了这些宏观要素外,它还契合了当下人们的社会心理需求和审美指向。它多方面的社会价值与经济价值,以及凸显的教育功能,深层潜在的文化价值,正在深刻地影响着青少年。对于培养有个性,富于灵感创新,具有审美情趣,热情奔放的德、智、体全面发展的青少年一代产生积极的影响。因此,鼓励、扶植、正确引导、积极开展街头篮球是我国篮坛的又一项新的重要使命。

第四节 现代篮球运动发展的探索研究

一、篮球运动创新能力的培养研究

(一)影响篮球运动创新能力培养的因素

篮球运动创新能力的培养是研究生培养阶段的主要任务之一,也是研究生培养教学质量的主要特征。培养篮球研究生的创新能力,除了研究生自身的因素外,外部培养环境是最重要的影响因素之一。要营造一个良好的培养环境,仅仅靠增加篮球教学环节、改革篮球教学内容是远远不够的,更要在制度上形成培养篮球研究生创新能力的体系结构,从内、外因的相互关系出发,确立健全的研究生培养教育制度。

从培养单位教育的外部环境来看,主要来自已有的文化传统。突出地表现在文化上注重人与社会的协调和偏重"中庸"的思维方式。从教育内部环境来看,主要来自我国长期的教育体制、体育院校的运作模式、篮球教育的目的、教育课程体系、教学过程等方面。

(二)篮球运动创新能力培养的实施方法

培养研究生的创新能力已成为我国研究生教育的核心。树立创新教育观念、强化和激发研究生的创新意识、加强学校学科建设和导师队伍建设、重视过程创新能力的培养、做好科研和论文阶段创新能力的培养以及加强研究生实践环节等,是培养研究生创新能力的有效途径和方法。

1. 改变传统的篮球教育体制,为创新能力开辟新渠道

(1)改变传统的教育思想,树立创新教育新观念

树立创新教育观念是开展创新教育的前提。创新教育观念从根本上包含四个方面:以人为本的教育观念、以学生为主体的教学观念、促进学生全面发展的质量观念、培养创新人才的教育价值观念。要在体育院校和培养篮球研究生的单位有效地推进创新教育,其先导是从导师、教学管理人员到广大研究生,都需要切实转变那种单纯以继承为中心的教育观念,正确认识和处理继承与创新的关系。以人的发展为本,开发人的创新能力,加强学生创新精神和实践能力的培养。在教育目标上,要转变传统的以传授知识、发展智力为中心的教育观念,融传授知识、培养能力、提高素质为一体,协调发展。在培养模式上,要建立起多样化的创新能力的培养模式,采取灵活、有效的培养方式,为篮球运动创新能力的成长创造良好的条件。在教学内容上,要转变以狭隘的专业教育为中心构建课程系统的教育观念,加强基础,拓宽口径,增强适应性。在教学方法上,要转变以教师为中心、以灌输知识为主的教学方法,强化学生的主体意识,积极发挥学生的主体作用。总之,要真正把创新作为篮球研究生教育的出发

点和归宿,树立一切培养工作都要立足于培养研究生的创新意识与创新能力的创新教育观念,并将此作为提高我国篮球研究生质量的重要标准之一,纳入研究生综合成绩的评定体系。

(2)培养篮球研究生存疑和求异的思维方式

"存疑",就是对前人、权威专家等,已经做出的各种结论、观点、理论敢于从一定的理论高度进行怀疑,并提出自己的看法和疑问;"求异"就是敢于提出与别人不同的观点,敢于"标新立异"。"存疑"和"求异"综合起来,就是一种发散的思维方式。对篮球研究生来说,它不仅是重要的思维方式,也是非常可贵的一种品质,还是培养创新能力的必备条件。试想,如果对已有的结论、观点、理论不敢提出怀疑,认为凡是上了书的、导师或权威讲的就都是绝对真理,不敢有丝毫的怀疑,又不敢用与众不同的思维方式去考虑问题,不敢想别人所没有想过的事,按照这样的思想和模式培养出来的篮球专门人才怎么可能创新。因此,在加强素质教育培养的过程中,要着重培养篮球研究生"存疑"和"求异"的思维方式和品质。

(3)把创新性教育贯穿到人才培养的全过程

篮球运动创新能力和创新意识的培养,绝不是通过几门必修课、选修课和限选课就可以培养出来的,而是要通过研究生培养教育的全过程来实现。尤其是在学校首先要形成一种有利于创新意识和能力培养的学习环境和氛围,使学生在校接受教育的全过程中,每一个教学环节和步骤都有利于培养学生的创新意识和能力。

(4)加强篮球教学方法改革,体现创造性的篮球教学

研究生是学习和发展的主体。因此,体育院校和培养单位要深入研究如何调动研究生的学习主动性、操作的独立性和思维的创造性。特别是在如何提高学生的自我完成能力、独立研究能力和发展创新能力等方面,从研究生教育的培养制度上建立一整套实施细则。要体现创造性的篮球教学,首先要强调改进篮球教学方法,以体现师生互动、注重篮球教学过程和强调差别的创造性篮球教学原则。其次,鼓励教师凭借自己的学识、智慧和创造能力,开放课堂教学,宽松环境,让课堂保持活力,使学生敢想、敢说、敢问,充分展示教师教与学生学的双向互动、协调配合关

系。最后,要发挥导师的主导教育作用,综合运用多种体育教学方法,引导研究生发现问题、研究问题、解决问题,让研究生感受到探索真理的方法和乐趣。在传授篮球及相关科学知识的同时,重点培养篮球研究生的创新性思维能力,并且使实际的篮球教学过程表现出一种具有创新性的社会实践艺术。只有这样才有利于激发学生挖掘篮球运动新知识和进行科学研究的兴趣。

(5)注重篮球实践的教学,促使创新能力的培养

篮球实践教学是实施创新教育、提高研究生创新能力的重点,是研究生树立工程意识、培养研究生篮球实践能力和创新能力的关键环节。通过学习篮球运动的基本知识、相关学科的知识、校内综合教学试验、观摩课、公开课、课程设计与毕业论文设计、校外社会实践等教学实践环节,逐步培养和提高研究生的基本学习能力、综合分析能力和操作的创新能力。在篮球实践教学中,还应注重培养研究生科学的思维习惯和严谨的学习、工作作风,提高研究生观察问题、分析问题和解决问题的能力;同时,注重更新篮球实践教学内容,增加综合性、设计性与创新性教学与实践;大力提倡篮球实践教学与科研课题相结合,走产、学、研相结合的道路,使之变为对我国篮球运动有新发展的社会生产力,突出体现篮球研究生在篮球实践中的自主性和创新性。

(6)改变和创新我国篮球运动研究生培养的管理制度

现代管理学理论指出:创新管理的真谛在于发挥人的价值,挖掘人的潜能,发展人的个性。尤其是在这个呼唤创新精神的时代,篮球教学管理更应当最大限度地发挥研究生及各个层次从事篮球运动人员的积极性、主动性和创造性。因此,篮球教学管理的目的应"以人为本",从而有利于形成科学、严谨、生动、活泼、宽松的研究生成长氛围,以利于培养研究生的创新能力。在体育院校要全面推行完全学分制,改革统一要求的、过于僵硬的篮球教学管理模式,变硬性管理为弹性管理。全面推行选课制,实行课堂开放、分层次教学,将必修课分成不同层次、不同模块供学生选课,给予学生选择学习课程的自主权,为学生的个性发展留下足够的自主权。管理上既明确体现对全体研究生的基本要求,又能为研究生挖掘潜力、发

展个性、脱颖而出创造条件。建立有利于研究生创新能力发展的人才评价机制与激励机制。要改变以掌握知识的多少来评价研究生质量的通常做法,建立一套能充分体现研究生创新意识、创新素质和创新能力的评估内容、方式、方法和标准,将研究生创新能力作为一项重要评价指标列入研究生综合素质的评价内容。评价内容大体包括:各项篮球实践活动、科技竞赛和科技成果、发表科研论文、科技发明、专利等,制定激励创新能力培养的政策,形成激励创新型人才脱颖而出的管理制度和育人环境。

(7)体育院校为篮球研究生的个性化发展提供广阔的空间

如同平庸蕴含于标准化之中一样,创造性也蕴含于个性的发挥之中。篮球研究生个性的发展离不开各种生活、学习、科研环境,是在各种生存环境相互刺激的过程中形成的。环境如果不断刺激一个人做出主动的、独特的反应,为他提供个性发展的机会,那么他的个性自然会得到较为充分的发展。篮球研究生创新教育,一定要营造鼓励研究生标新立异、有利于他们自由表现的宽松的文化知识氛围。体育院校要为师生双方建立起自由交流、获取知识信息的学术场所,注重创造浓厚的学术氛围,比如不定期地举办科技节、科学报告会、创新成果展和各种形式的学科竞赛等,激发研究生创造欲望,营造我国篮球研究生创新能力培养的校园文化氛围。

2. 强化和激发篮球研究生的创新意识

创新意识是创新能力培养的前提。目前篮球研究生缺乏创新意识和创新的热情,原因大体有以下几点:一是我国传统的教育思想和教学模式不重视学生创新能力和创新意识的培养,学生创新的思维受到了很大束缚。二是学生的知识结构和能力结构制约了创新意识的萌发,研究生普遍存在知识面窄,动手操作能力、科研能力差的现象。三是没有有效激励创新的奖励机制,不能很好地调动研究生的创新积极性。因此,培养篮球研究生的创新能力,首先要注重篮球研究生创新意识的激发,多层面强化学生的创新意识。

(1)加强篮球研究生的政治思想教育,增强学生振兴中国篮球运动发展的历史使命感和责任感,培养和激发其创新意识和创新热情。

(2)着力构建与创新教育相适应的知识结构和能力结构,在篮球研究生培养的各个教育实践环节上,强化研究生的创新意识。

(3)建立有效的激励创新机制,鼓励和支持篮球运动创新,并通过严格的竞争和淘汰机制调动篮球研究生创新的主动性和积极性。

3. 加强学校、导师队伍的学科建设

我国篮球运动创新能力培养的实现程度,是建立在高水平的学科带头人队伍和高质量的学术成果之上的。当前,我国篮球研究生创新能力培养的主要领域有篮球学科的前沿领域、篮球学科与相关学科的渗透领域和多学科的交叉领域。篮球研究生创新能力的培养必须从学校的篮球学科建设抓起,关键是抓好重点学科建设,扶植和发展相关的新兴、交叉学科。通过以篮球重点学科为中心而带动其他学科,提高教学和科研水平,促进篮球学科整体水平的提高,形成合理的学科体系。创新教育对研究生导师队伍提出了新的要求,主要包括两个方面。

(1)注意提高导师队伍自身的创新能力与学术水平

创新教育要求研究生导师自身必须具有很强的创新能力和科研能力,具有深厚的学术造诣,对多种学科前沿问题要有深入研究,对与篮球学科相关的知识要有一定的了解。这样才能够把研究生带到学科前沿,带到创新领域,才能收获创新的见解和创造性成果,真正激发研究生的创新能力。

(2)推行集体指导和联合指导研究生的制度

师傅带徒弟式的指导方式既不利于研究生学科知识的拓展,也不利于研究生创新能力的培养。要积极吸收一些校外、国外交叉学科的专家参加研究生指导小组,鼓励集体指导和联合培养研究生。这样可以使研究生学习多位指导教师的精髓,开阔学术视野,活跃创新思维,培育创新思维能力。本着对研究生负责的态度,实行导师能上能下的制度,保证导师队伍的高素质、高水平、高质量。

4. 重视教育过程中创新能力的培养

(1)加大篮球研究生教学改革力度,探索新的教学方法与模式

通过案例教学、讨论式教学、辅助性教学、教学训练实践、专题讲座等

多种形式,使学生在课程教学中由被动接受转化为主动参与,实现角色的转变。同时,篮球研究生的课程教学应更多地运用现代化的教学手段,如多媒体教学、计算机辅助教学等手段改革篮球研究生的教学内容。

(2)改革篮球研究生的教学内容

研究生的教学内容应着眼于研究生创新所应具备的基础知识和基础理论知识,着眼于学科及交叉学科的理论前沿,着眼于篮球学科发展中的实际问题,着眼于篮球学科最新的技术、战术、基本理论、世界篮坛的发展趋势和篮球运动自身的发展规律,跟踪篮球学科发展的最新动态,从而激发学生的创新能力和创新激情。

(3)改革篮球研究生的课程考试评价方式

研究生的课程考试应着重考查学生发现问题、分析问题、思考问题,及对问题提出自己独特见解的能力。目前,我国从小学到大学一直沿用的闭卷或开卷考试评价的形式,侧重的只是学生对所学知识的理解、记忆,不利于学生创新意识、创新思维和创新能力的培养。篮球研究生的课程考试应根据不同性质的课程,采用不同形式的质量评价体系,如课程设计、专题讨论、论文、训练比赛实践活动、读书报告等。

5. 加强篮球研究生教育实践环节创新能力的培养

篮球研究生的实践环节包括教学训练实践、学术实践和科研实践三个部分。

提高实践环节的要求,是研究生创新能力培养的重要途径。研究生相当一部分是应届生,从学校到学校,较少直接参加社会生产实践,因而缺乏实践经验和解决实际问题的能力。在研究生的培养过程中,必须根据不同的生源采取不同的培养模式,提高对研究生教学训练实践的具体要求。学术实践包括国内外学术交流、学术报告、查阅文献资料、举办专题讨论、撰写论文等。这些环节不仅能开阔学生的视野,还有助于学生了解篮球学科的最新动态、前沿理论知识。因此,对研究生在学校期间参加学术交流、听学术报告、参加专题讨论的次数及阅读专业文献的数量等,应有明确的规定和要求。研究生的科研实践,主要是实验研究及撰写学位论文工作,这是培养研究生创新能力的中心环节。研究生通过独立的科研实践,可以不断培养和提高自己的创新能力。

6. 做好科研和论文的工作

(1)抓好论文选题过程中创新能力的培养

研究生论文写作的关键是选题,选题的过程就是发现问题、提出问题、分析问题的思维过程,是一个创新的过程,也是培养和提高研究生创新能力的过程。研究生在导师指导下,通过广泛的调查研究,查阅大量的文献资料,并在此基础上确定自己的论文选题。研究生通过文献综述,分析、对比前人的研究成果,找出需要研究的问题作为研究内容,并对即将进行的研究从内容到研究方法、研究手段、需要的仪器设备及预期成果进行可行性分析和论证。论文选题要通过开题报告进行创新论证,专家小组对研究生论文选题的科学性和前瞻性、研究方法的可行性及预期创新成果的可行性,要进行全面、深入的分析、把关,以保证篮球研究生学位论文有一个比较高的起点和比较深的层次。

(2)做好科研过程创新能力的培养系统

篮球科研过程是研究生进行创新见解和推出创造性成果的过程。在科研过程中,研究生应自觉地进行多种能力的培养,培养自己综合运用所学的知识分析、解决实际问题和理论问题的能力;培养严谨的治学态度和追求真理、锲而不舍的科学精神;培养掌握科学的科研方法以及使用现代化的先进篮球教学训练和比赛的技术手段,使用现代化仪器设备的能力。

二、信息技术手段在篮球研究中的应用

现代信息技术是以计算机和远距离通信工具为手段,对以文本、图像、视频等数据所承载的信息,进行采集、加工、处理、传输、变换、存取直至应用的一系列技术。其核心技术主要包括计算机技术、现代信息技术、通信技术等,它可以延伸人的感觉器官采集信息功能、神经传导信息功能、思维器官处理信息功能及效应器官使用信息功能。

20世纪80年代以来,以计算机技术、网络通信技术、数字化技术、现代信息技术和智能化技术为核心的现代信息技术得到了迅速的发展,并广泛渗透到社会的各个领域,推动着社会经济、文化的迅速发展。进入

21世纪以后,现代信息技术的发展更是突飞猛进,日新月异,信息化已成为世界经济和社会发展的共同趋势。

现代信息技术的迅速发展和普及应用,不仅促进了社会和科技的空前发展,对教育也产生了广泛而深刻的影响。计算机、现代信息技术以及网络技术在教学和管理中的广泛应用,为教育现代化提供了前所未有的机遇。为教育资源的整合、教学内容的优化、教育方式的更新、师生关系的改善,以及教育功能的转变等带来飞跃性的变化,有力地推动了教育自身的革命性变革。

(一)现代信息技术的功能

1. 再现功能

现代信息技术不受时间、空间、微观、宏观的限制,根据教育、教学的需要,将所讲对象在大与小、远与近、快与慢、虚与实之间相互转化,从而使教育、教学内容中所涉及的事物、现象、过程全部再现于课堂。从远古到现在、从自然到社会、从异国到本土,都可以通过现代教学手段表现出来,让学生如同亲眼目睹。

2. 扩充功能

一方面,现代信息技术可以进行高密度的知识传授、大信息量的优化处理,极大地丰富了学生学习的资源;另一方面,教师还可以根据自己的需要,及时获取互联网上的信息和知识,扩充知识量。

3. 集成功能

现代信息技术能把图像的、声音的、文字的教学材料融合在一起,向学生提供多种刺激,使学生获得视听等多种感觉通道的信息。

4. 交互功能

现代信息技术可以实现人机之间双向沟通,人与人之间近距离以及人与人之间远距离的交互学习,大大地提高了学习效率。

5. 虚拟功能

由现代信息技术仿真生成的虚拟现实世界,可以创造一种身临其境的真实感觉,使学生不仅能感知而且能操作虚拟世界的各种对象。

(二)现代信息技术在教学中的作用

现代信息技术具有上述优异的功能,因此,它能在整个教学过程中发挥重要的作用。主要表现在以下三个方面。

1. 扩大教学规模

采用现代信息技术进行教学,可以扩大教学信息的传递范围和增殖率。过去个别教学的方式传授知识,信息只能一比一地增殖;传统的班级授课的方式,信息的增殖率可增加到几十倍速、上百倍;用现代信息技术进行教学,信息的增殖率可扩大到几万倍,甚至几十万倍。

利用现代信息技术,如广播电视、卫星电视、计算机网络等,向学校、社会、家庭传输课程,凡是有电视或计算机终端的地方,都可成为课堂。一个教师可以同时教成千上万的学生,大大节省了师资和校舍,扩大了教学规模。

2. 增进教学效率

人们的学习和对知识的掌握,是通过多种感官(眼、耳、鼻、舌、脑等)把外界信息传递给大脑中枢而形成的。这些感官的功能各异,其中以眼最灵,耳次之。在学习过程中,眼、耳、脑的功能发挥得越好,学习效率就越高。现代信息技术的应用,可以大大延伸人体,特别是眼、耳、脑的学习功能,可以综合利用视觉、听觉等多种分析器进行学习,因此能使学生得到较佳的学习效果,提高教学效率。

3. 提高教学质量

采用现代信息技术进行教学,可以视听结合,形式多样,可以激发学生学习的兴趣,能使学生在比较轻松愉快的情境中进行学习,提高学习的主动性和积极性,提高教学质量。

教学中所用资料、挂图、幻灯、录像、软件、光盘等必须紧扣教材、大纲,提炼重点、精华,才更为有效。因此,教师备课时要在围绕教材和大纲的基础上精心制作和选择多媒体教学内容。

任何事物都是一把"双刃剑",现代信息技术也不例外。尽管现代信息技术教学在提高教学质量中具有不可替代的作用,然而,我们也应该清楚地看到它的不足。立足于学生,从学生的实际情况出发,扬长避短,合理利用,才能充分发挥现代信息技术强大的功能,真正有效地提高教学质量。

(三)现代信息技术在篮球教学中的应用

篮球作为普通高等学校体育专业主干课程之一,在整个体育课程中有着举足轻重的地位。在篮球教学中,利用现代信息技术,通过对动画、视频、声音、图形、文字等信息的集成处理,使教学内容表现得形象生动、丰富多彩,不仅能提高学生的学习兴趣,开拓学生的视野,而且也能提高学习效率。

1.运用现代信息技术,创设情境,激发学生学习和练习的兴趣

爱因斯坦说过:"兴趣是最好的老师,兴趣能激发学生的学习欲望。"课堂教学实践表明,学生对某种事物的兴趣越浓厚,其注意力就高度集中,思维非常活跃,求知欲也非常强烈,学习和练习的热情高,能够充分发挥出潜在的学习和练习的积极性、主动性,从而呈现出最佳学习状态。现代信息技术是集文字、图形、图像、声音、动画、影视等各种信息传输手段为一体,通过语言的描绘、图像的演示、动画的模拟、音乐的渲染等声画并茂的教学环境,为学生创设生动形象的教学气氛,能大大激发学生的学习兴趣和学习热情。

例如:在教学过程中,教师可以播放"跟我学打篮球"的教学光盘,使学生了解篮球的基本知识和基本技术,然后选择一些 NBA 篮球赛或经典投篮集锦光盘让学生欣赏;在课件的制作过程中,能导入一些优秀运动员如乔丹、姚明、科比、麦蒂在比赛场上的精彩动作图片;把学生参加篮球比赛的情况拍成录像、剪辑、导入到课件里,通过屏幕播放,学生一边观看画面一边听教师的讲解,寻找差距等等。这样就能提高学生学习的兴趣,学生在浓厚的兴趣推动下,便会产生学习的喜悦感和成就感,并产生新的学习需要。

2.运用现代信息技术,扩大课堂教学的容量,提高教学的效率

利用多媒体技术,可以进行高密度的知识传授、大信息量的优化处理,可以大大提高课堂效率。图形不是语言,但比语言更直观形象,包容的信息量更大。动画又比图形更形象和生动,利用文字闪现、图像缩放与

移动、颜色变换等手段，不仅容量大、速度快，效果也更好。

例如：在讲解篮球运动的起源时，通过图片展示、纪录片播放，让学生对篮球运动的发展历程有了一个全面的认识；讲解篮球局部进攻战术时，通过动画演示、视频剪辑等手段直观地展现了几种局部进攻战术的演练过程。在篮球裁判教学中，教师为了能让学生更加清晰地明白犯规的判罚，可以将一些犯规的视频剪辑下来，或将学生在比赛中的犯规动作拍录下来，在课堂上一边进行播放，一边进行讲解，这样学生通过观看和听讲解，马上就一目了然了。这样就避免了重复劳动，节省了教师讲解、示范的时间，加快了教学的节奏，从而提高教学效率。

3. 运用现代信息技术，创设逼真情境，进行直观教学

现代信息技术教学具有直观性的特点，可以将文字、图像、声音、形象、逼真的动画、网络等综合在一起，能做到图文并茂、动静结合、视听并用。可以将一些难度大或较复杂的动作通过播放慢动作和正常动作让学生看清楚、听清楚，有利于创设良好的情境，为教学提供逼真的表现效果。同时语言表达可使学生尽快建立动作的表象和领会动作要领，有利于学生掌握正确的动作概念。

例如：在讲解篮球技术分析时，通过多媒体技术教学将篮球技术动作结构、动作要领通过图片、视频等方式直观地展现给学生。并结合优秀运动员有关篮球技术动作的录像和学生在学习过程中被拍摄的技术动作的录像，通过对比分析有利于学生更加直观地理解动作概念，加快对技术动作的掌握。在讲解竞赛规则与裁判法分析时，裁判员在比赛场上的各种执法手势以图片的形式通过大屏幕展现给学生，让学生对各种手势有了明确的认识。然后通过播放比赛场上有关裁判员的各种判罚的视频剪辑，学生通过视听结合的手段加深了对手势应用的理解。

4. 运用现代信息技术，突出重点，突破教学难点

现代信息技术具有分层展示功能，运用音频、视频分层等技术对篮球技术进行展示，使学习重点、要点更加突出，掌握技术也就更快。例如把NBA、CBA、CUBA等比赛视频下载下来，进行技术处理，将技术和战术分类处理，分层展示，就更有针对性。也可以根据物理学原理，对技术动

作进行直观形象的分析,如对运球、传球和投篮间的相互关系的分析。可集中对运球技术进行分析。也可对某一个动作的一个用力现象进行力学分析,了解动作结构,纠正学生不会用力或用力不正确的现象。如讲解投篮时,力度的大小、出手角度等用图表等形式在课件中体现出来,结合抛物线的知识,使学生看清楚动作细节,更加深刻地认识动作的要领和运动规律,更快地完成学习任务。

此外,由于受年龄、教学条件等因素的影响,教师往往会回避那些难以示范(如扣篮、空接等)的动作,这样就影响了学生的全面发展。运用现代信息技术进行教学示范,不仅可以弥补教师不能示范高难度动作的不足,而且也能保证学生接受知识的完整性和系统性。

(四)现代信息技术在篮球教学中的建议

篮球是一门操作性极强的学科,在某种意义上可以说,其实践运用价值要远远大于理论价值。因此,在教学过程中,不管是技术的学习还是战术的学习,不管是用传统的方法教学还是用现代信息技术教学,甚至用更加先进的方法教学,都应着重强调实践运用价值,用理论指导实践。

篮球是一门动态发展中的学科,其发展速度相当之快。因此,教师在教学过程中,应充分利用现代信息技术,紧密跟踪国内外先进的篮球运动技术和教育理念、先进的篮球教学方法与手段,使学生尽可能多地把握新的理论体系,学习新的知识。

三、我国篮球市场的发展条件研究

为了使我国篮球市场健康成长,使现有的篮球市场走向稳定、规范,逐步趋于成熟,需要对篮球市场发展的条件进行分析。研究篮球市场的发展条件对我国篮球运动和篮球产业的发展有一定的现实意义。

(一)影响篮球市场发展的因素

篮球市场是在市场经济条件下篮球运动与商品经济结合的产物。只有在市场经济充分发展的条件下,篮球劳务服务才能真正地作为商品进行交换,商品交换的原则才可以渗透到社会活动的各个领域。使其价值的体现不仅是门票收入,随着商品价值的不断开发,由比赛产生的社会效益也会通过广告、电视转播等方式转化成巨大的经济效益。生产社会化和体育社会化程度扩大,体育社会化最终决定于生产社会化。随着生产的发展和社会分工的扩大,人们对体育的消费需求扩大,体育作为提供劳务服务的独立部门逐渐形成。当篮球运动参与商品交换的频率逐渐加大,并从社会获得极大经济效益和社会效益的时候,才有可能形成产业。

篮球市场既是生产社会化发展的产物,又是篮球运动本身社会化、产业化发展的必然结果。篮球运动潜在市场的扩大,没有众多的篮球运动爱好者,就没有众多的观众和球迷,也就没有篮球市场。因而大众篮球运动的普及和业余篮球竞赛的广泛开展,是篮球市场发育的前提条件。大众消费水平的提高和消费结构的改变,使得花钱观赏或参与篮球运动成为可能,为篮球市场的广泛开发提供了机遇。强烈的竞争意识、赶超意识、民族自尊心和对体育文化、篮球文化的领悟,是影响篮球市场的社会心理因素。

科学技术迅猛发展,科学技术的革命引起人类生产方式、工作方式和生活方式的深刻变化。电视机的普及、卫星通信的发展、计算机网络技术的应用,使职业篮球的影响成倍扩展,全世界的篮球电视观众和篮球爱好者成为篮球市场的顾客,为篮球市场的形成创造了极为雄厚的购买潜力。以笔记本型计算机、传真调制解调器和专用软件武装起来的职业篮球队,把 NBA 职业联赛变成了移动计算机的实验台。科技在体育上的应用,已成为体育获得发展动力的一个重要途径。篮球竞技水平的提高,高水平篮球竞技运动的观赏性、趣味性、艺术性能够为社会广大人民群众提供富有魅力的精神享受,使篮球竞技技艺和篮球比赛能够成为一种商品进入市场。竞技水平是篮球竞赛这种特殊"商品"的质量标志,竞赛水平越高,竞赛所提供的商品价值和文化价值越高,而保证这种特殊劳务的"商品质量",必须有一批高水平的篮球运动员、教练员和运动队。众多处在一流水平的球队或接近一流水平的球队共同参加联赛,其比赛的胜负才具有不可预测性,比赛才可能有悬念,才能体现体育运动特有的艺术魅力。因此,没有高质量的比赛,就没有观众,也就没有市场。篮球运动技术水平的高低,主要体现在国家队参加洲际比赛取得的成绩,体现在国内联赛的竞赛水平和各参赛队的表现。

(二)培育我国篮球市场的有利条件

社会主义市场经济的建立和发展为篮球市场的培育提供了明确的方向和体制保证。我国建立和发展市场经济的深刻改革为包括篮球市场在内的体育市场的培育和发展提供了社会大背景,使其能够以市场为基础配置体育资源。经济改革促进了经济发展,促使生产效率的提高,使人们可支配的闲暇时间增加。2002年,中国国内生产总值首次突破10万亿人民币大关,经济增长速度达到8%,是同期世界经济增长速度的4倍。2002年,中国实际使用外商直接投资超过500亿美元,首次排名世界第一。经济的快速发展,对包括篮球市场在内的体育市场发展提供了多方面的有利条件。

(1)国家积累增加,对体育市场发展的经济支持力度会相应加大;

(2)第三产业的兴起为体育产业和体育市场培育提供了施展余地,我国体育产业发展迅速,现正成为我国第三产业中不可忽视的一支生力军;

(3)企业经济实力增加,对体育市场的经济支撑会有所增加;

(4)人民消费水平的提高,恩格尔系数的下降,以及消费结构的变化为篮球消费市场的培育创造了有利条件。

我国有较好的开展篮球运动的传统,群众性篮球运动有较广泛的群众基础。20世纪50年代到60年代中期,我国的部队、工厂、农村、学校,随处可见篮球架和打篮球的庞大群体,70年代,由于历史的原因,群众对篮球的热情有所减弱,改革开放以来逐步恢复,进入20世纪90年代以来,篮球市场的出现推动着篮球运动的不断升温。现在,我国一些大城市的三人篮球赛、家庭赛以及篮球游戏等比赛的开展,受到了广大群众的热烈欢迎,人们利用闲暇时间,积极参与。中国篮协的"小篮板工程"的推广工作也开展顺利。据有关资料估计,我国目前约有2亿多篮球运动爱好者,遍布全国城乡的篮球场近52万块。新中国建立以后,篮球运动水平迅速提高,从1959年中国男队战胜欧洲冠军队,女队两次战平欧洲冠军队,到男篮曾五次蝉联亚洲冠军,进入世界前八名,女篮获得世界亚军,这些运动成绩产生了广泛的社会影响。我国篮球市场的培育有"后发优势"可以利用。

我国篮球市场刚刚起步,比国际篮球市场的出现晚了几十年,使我国篮球市场发展有其一定的"劣势",但也有"后发优势"。所谓"后发优势"就是后起者可直接引进、吸收和利用先行者所创造出来的诸多成果和经过长期积累的成熟经验,在较短的时期内实现某种跨越,而不必样样从头开始,重走先行者的弯路。培育我国篮球市场应该充分利用这种"后发优势",以克服其劣势。国际上有以 NBA 为标志的发达而成熟的篮球市场,有许多成果可以直接引进吸收,结合我国国情为我所用,有许多关于市场培育的经验和成熟的做法可以借鉴,国际上其他球类的市场培育的成功经验也可以有选择地吸取。就国内来讲,先于篮球市场而出现的足球市场,其培育和发展的过程,由于处于同一国情之中,它所获得的经验教训更具有借鉴意义。

篮球运动的特点给我国篮球市场的培育赋予了独特的优势。篮球运动是对抗性、趣味性很强的运动项目之一,篮球运动简便易行、便于普及的优势是其他球类所无法比拟的。篮球运动对场地设施、气候及活动人数等条件的要求都比较宽松。这对在城市普及社区篮球运动,在农村特别是山区普及篮球运动是极为有利的,对中小学加强篮球教学,开展篮球活动也极为有利。

(三)当前开发和培育市场的建议

我国篮球市场在培育和开发篮球市场的过程中,需要采取以下一些主要措施。

1. 更新思想观念,加强篮球消费意识的引导

充分开发篮球的各种社会价值。推进篮球社会化、产业化,要把消费作为出发点和落脚点,扩大篮球市场的消费者群体。

2. 继续深化体制改革

如何真正实现政府职能进一步由直接管理向间接管理转变,从微观调控向宏观调控转变,从单纯依靠行政命令向依靠法律、政策、经济等多种综合手段方向转变。如何建立有序、竞争、高效的运行机制,如何建立

政策引导、法律指导和检查监督机制,如何理顺管理部门和协会等其他社会篮球组织之间的关系。应当在改革探索的实践中,积累正反两方面的经验,不失时机地进行体制创新和突破,逐步形成具有中国特色的管理体制。

3. 继续健全和完善职业篮球俱乐部体制

进入职业篮球市场的俱乐部,应该是产权明晰、责权明确、自主经营、自负盈亏、管理科学的企业法人。目前,我国的"职业俱乐部"与严格意义上的职业俱乐部还有一定差距,应当进行的从产权改革到规范化管理的全面建设。

4. 尽快提高篮球竞赛水平

竞赛水平是篮球竞赛这种特殊"商品"的质量标志,要通过进一步改革竞赛体制和训练体制,处理好"练""赛"关系,要重视塑形象、创品牌、树球星,有重点地培育著名篮球球星,要加强国际交流与国际合作,重视吸取和借鉴世界上先进的训练方法和经验,为我所用。

5. 加强篮球市场的理论研究

目前,关于篮球产业、篮球市场等经济与篮球运动交叉领域的研究十分薄弱,与客观需求很不适应。建议体育总局及篮管中心加强这方面的政策引导和科研投入,实行立项优先、投入倾斜、成果重视等措施。引导和鼓励理论工作者和实践工作者相结合的科学研究,为我国篮球市场的不断发展提供理论依据。

四、我国职业篮球产权制度探究

(一)职业篮球产权制度

1. 产权的概念

中国职业篮球要进一步发展,必须深化改革,要深化改革,就必须建立现代企业制度,而现代企业制度的核心和关键是产权制度。因此,建立职业篮球产权制度理论并分析中国职业篮球产权制度的现状,对于深化我国篮球职业化改革具有深远的意义。产权是一种权利,并且是一种排他性的权利。产权是规定人们相互行为关系的一种规则,并且是社会基础性的规则。产权是一种权利约束,它可以分解为多种权利并统一呈现一种结构状态。产权不能等同于狭义的所有权。产权具有明确性、独立性、转让性、收益性、责任性、法律性六大基本特征。所以,产权是以财产所有权为基础的,由所有制实现形式所决定,受国家法律保护,反映不同利益主体对某一财产的占有、支配、处分和收益的权力、义务和责任。

2. 产权制度的概念

在理解产权制度之前,首先必须了解产权结构的概念。产权(Propert Rights)总是以复数名词出现的,也就是说,产权包括多项内容,理论界多接受产权包括四种权能,即占有权、使用权、收益权和处分权。产权的各项权能是可以相互分离而独立运用的。产权制度就是产权结构通过制度予以确认,即产权制度就是将各项产权权能界定给特定的经济主体,以及与之相应的一系列行为规范。产权制度的最主要功能在于它能降低经济活动中的交易费用,从而可提高资源配置效率。产权制度的功能概述如下:产权制度能界定交易界区、产权制度能规范交易行为、产权制度能形成稳定的预期、产权制度具有激励功能、产权制度具有提高资源配置效率的功能。

3. 从产权经济学层面理解职业篮球

从新古典主义微观经济学的角度来讲,职业篮球是随着市场经济及篮球运动的发展,社会分工的精细,为了满足公众对参与和欣赏高水平篮球技艺的需求,以供给高水平篮球技艺为核心产品,以赢利为主要目的的一种经济组织。在一个国家或地区,该经济组织由多支球队(或俱乐部)在此基础上建立的职业篮球联盟(或职业篮球联赛管理部门)以及两者的相互关系构成。

从产权经济学和契约理论的角度来讲,职业篮球是在市场经济发展到一定阶段,受潜在利益的驱使,不同要素的所有者拥有高水平篮球技艺的所有者(球员)、财务资本的所有者(球队老板)、拥有经营才能的所有者及其他劳动力的所有者通过市场交易,相互让渡部分产权而形成的一项长期合约。它的本质是一种产权组织。而且职业篮球组织相对于生产其他产品的经济组织,还具有自身鲜明的特点。职业篮球核心产品的生产者之间竞争与合作并存。在传统的商业领域,企业的成功依赖于击败甚至消灭竞争对手。而在职业篮球组织内部,所有俱乐部或球队老板都不希望其他俱乐部发展得不好,试想只有一个球队怎么去比赛。一个联盟的球队太少了也不行,甚至球队之间的差距太大了也不好,因为差距过大,球队之间的比赛结果缺乏不确定性,而在相同前提下,比赛结果的不确定性与观众的上座率成正比。此外,目前国内外职业篮球的管理组织都带有垄断性质,在一个国家生产职业篮球产品的组织通常只有一个,因此,以这样一个特殊的经济组织为研究对象,在某种程度上也是对产权理论的丰富。

(二)我国职业篮球产权制度

1. 我国职业篮球俱乐部产权特征及分析

各俱乐部所有权构成复杂,国家事业单位参股比较普遍,产权不够清晰,离产权主体人格化还有不小的距离。我国目前甲A篮球俱乐部12家,八一队为军队所有,其他11支甲A职业篮球俱乐部的所有权构成复杂,国家事业企业和私有企业单位参股形式多样,资金来源也非常复杂。事业单位的参股是目前中国职业篮球俱乐部产权结构的显著特征。11家职业篮球俱乐部的所有权形式有两种:一是一家企业独资的形式,俱乐部相当于出资企业的子公司。其中地方体育管理部门参股的职业篮球俱乐部达6家之多,有两家俱乐部分别与当地的电视台合股,一家俱乐部与学校合股。不管是什么合作形式,提供资金来源的企业多是私有企业。在11家俱乐部中,只有江苏南钢和北京首钢的出资方属于国有企业。

地方体育管理部门参股普遍有其历史的原因。因为地方体育管理部门拥有大多数球员人力资本的占有权,目前效力在甲A赛场的球员绝大多数都是各地地方体校培养的。根据所有权结构,我们把中国目前11支职业篮球俱乐部分为两类进行分析:一类是作为某企业的子公司形式的4家俱乐部;另一类是企业与国家事业单位合作形式的7家俱乐部。

第五章 篮球职业化与产业化研究

对于以一个企业的子公司形式存在的职业篮球俱乐部来说,其剩余索取权属于投资企业,考虑到一部分场地广告经营等方面的所有权属于篮球运动管理中心,篮球运动管理中心又将这些经营权转卖给了赛事推广商,因此篮球运动管理中心与投资企业共同拥有俱乐部剩余的索取权。但二者所享有的剩余索取权的性质有很大的区别。那就是,在既定的制度下,企业拥有的部分剩余索取权是可转让的,而篮球运动管理中心则拥有不可转让的剩余索取权。作为在工商部门登记注册的11家职业篮球俱乐部,是享有民事权利和承担民事责任的法人,或者是法人代表,它们独立地享有对俱乐部球员、教练员、管理人员等的监督权,也拥有对俱乐部重大问题的决策权。

对于企业与国家事业单位合作的7家俱乐部来说,投资的企业还包括国有企业和私人企业。它们的剩余索取权由投资的企业、事业单位以及篮球运动管理中心共同所有,三方拥有的剩余索取权的可转让性各有不同。中国篮球管理中心拥有的是完全不可转让的剩余索取权,事业单位的部分剩余索取权可以转让,但由于涉及的是人力资本,该事业单位并不拥有最终的所有权,它们只是受国家、政府授权的球员人力资本的代理人,其转让的交易成本高,实际上转让困难。投入资金的企业拥有相对自由的转让剩余索取权,考虑到以资金入股的企业有国企与私人企业两种类型,国企本身的最终所有权属于国家,企业只是一系列委托代理环节中的最后一级代理人,其转让所有的俱乐部剩余索取权的交易成本较私有企业要高。因此,私有企业拥有的剩余索取权的可转让程度也可能会高一些。对于俱乐部其他要素的监督权,则为资金注入企业与事业单位共同拥有。同时,它们还共同拥有俱乐部重大事务的决策权,包括俱乐部高层管理人员的聘用、重大投资决策等。在成立了董事会的几家俱乐部中,属于投资企业的董事人数、俱乐部总经理的来源都明显高于事业单位。因此,监督其他要素的权力、重大事务的决策权有向投资方倾斜的趋势。

产权明晰是现代企业制度的前提。目前还有4家甲A俱乐部没有与当地体育管理部门就俱乐部的产权进行最终的界定,占我国甲A职业篮球俱乐部近一半。科斯定理告诉我们:当交易成本为零的情况下,产权的初级配置对效率不产生影响。但在实际中交易成本是不会为零的,在这种情况下,只要明确地界定初始产权,通过它们的自由谈判会使效率自动达到帕累托最优。因此,法律要明晰界定产权。如果没有这种权利的初始界定,就不会有真正意义上的市场主体,权利转让和重新组合的市场交易就不会存在。因此,俱乐部产权的界定是当前这4支职业篮球俱乐部深化改革的当务之急。

(1)委托代理层级繁多,代理成本较高

首先考虑以私营企业全资子公司形式的4家职业篮球俱乐部。这些俱乐部的法人代表是董事长,是出资者,同时也是俱乐部出资企业的法人代表,俱乐部的支配权控制在所有者的手中,因此,这4家俱乐部的所有权与支配权没有发生分离。4家俱乐部的所有者都没有兼任俱乐部的总经理。在我国职业篮球俱乐部中,总经理拥有监督其他要素所有者的权力,以及俱乐部的经营权。但是这7家俱乐部又分为私营企业与当地体育局(或体育中心)合股、国企与当地体育局(或体育中心)合股、国家其他事业单位(如当地电视台)与当地体育局(或体育中心)合股的产权形式。这7家职业篮球俱乐部的共同特点是当地体育局(含体育中心,以下简称体育局)拥有部分俱乐部的部分股权。我们知道,我国是社会主义公有制国家,而国家又是一个比较空泛的概念,宪法规定由中央政府代表国家行使体育资源的所有权。而中央政府也不可能事必躬亲,要把全国的体育事业管理好,结果就是中央政府授权给国家体育总局,这就是通常所说的"条条"。体育总局再按照地域,把各省、自治区、直辖市体育资源的占有权、部分收益权和使用权,划拨给各省、自治区、直辖市体育局。这些省一级的体育局再把体育事业的管理权下放到所属的地区、市,直至县,这就是通常所说的"块块"。按照我国的体育管理体制,各"条条"主要是业务上的指导等关系,行政上的管理属于当地的省、自治区、直辖市政府,即"块块"。这些"条条、块块"说明,各地体育管理部门,包括体育中心等行使的并不是属于它们自己的所有权,它们只是多层代理环节的最后一层代理。代理的层级、环节繁多。从纵向看,大致有全民—中央政府—国家体育总局—地方体育局(体育中心)—管理者构成。根据委托—代理理论,出现的代理环节越多,代理成本就越大。一方面导致国家对代理人进行充分监督的费用极其高昂,甚至不可能对代理人实施有效的监督;另一方面会产生内部人控制和"搭便车"甚至"白搭车"现象。再加上国有产权暗含产权经济实体,往往为了追求其他目标(比如社会目标)而偏离利润最大化的动机,其效率低下也就顺理成章了。

从地方体育管理部门和企业合作的职业篮球俱乐部来看,其效用函数也不尽一致。对于出资企业来说,它们追求的第一目标是利益的最大化,包括获取利润、企业无形资产升值,或者以此获得当地政府的优惠政策等,但最终极的目标是获取利润,获取最大的经济效益。这些地方体育管理部门通过派遣人员参与俱乐部的管理,在实际工作中难免会有一些矛盾出现。

(2)治理结构初具雏形,但尚需完善

从法律和经济学的角度分析,广义的企业治理结构包括两个层次:第一层次是外部治理,包括产品市场、资本市场和劳动市场。它们提供企业绩效的信息,评级企业行为和经营者行为的好坏,并通过自发的优胜劣汰机制激励和约束企业及经营者,显然,外部治理是市场对企业的治理。第二层是内部治理,即通常所说的法人治理结构。

2. 外部治理

中国职业篮球是体育产业化的先锋之一,作为一个经济单元,中国篮球职业俱乐部的外部治理情况如下。

(1)对于产品市场而言,职业篮球的产品市场主要就是广告市场、电视转播市场和比赛本身。目前的情况是广告市场主要被推广商和篮球运动管理中心控制,该项产品的需求状况对俱乐部经营的影响不是直接的,也是不够敏感的;电视转播市场还很不规范,大多数俱乐部不能从电视转播中获取经济利益;各俱乐部的门票基本都实现了自己经营,但是目前各俱乐部体育馆的容量有限,关系票的存在,加之球市本身不太理想,因此门票收入并不理想,相对于俱乐部付出的球员薪金、场馆租赁等成本,门票收入的分量就更轻了。因此,产品方面的外部治理机制主要是竞赛核心产品。

(2)资本市场方面。目前各俱乐部的资本(资金资本)形式都是企业、个人投入的风险资本,但遇到俱乐部晋级效益不理想时,所有者转让自己的股份是一种有效地外部治理,然而这种风险投资还没有市场化。

(3)劳动市场方面。目前,我国正处于经济转轨时期,市场经济不成熟、不发达。资本市场和劳动力市场还处于建立阶段,劳动力市场不能反映人力资本的市场价值。特别是经理市场的供给不足,有限的经理人才还不能合理流动,职业经理的选聘机制及其经济绩效的评价尚未建立。

我国职业篮球的经理市场更是落后于其他行业。调查发现,11家职业篮球俱乐部的总经理除了1家是公开招聘的外,其他的多数是出资企业提名、董事会讨论通过。在各家俱乐部中,出资企业的董事往往占有董事会成员的多数席位,董事会讨论实际上也就成了"走走过场"。中国职业篮球俱乐部的总经理们离职业经理人尚有不小的差距,11家职业篮球俱乐部总经理平均年龄42.3岁,学历结构是大专以下的6人,本科以上有4人,研究生毕业2人。以前的工作经历有企业工作经历的占67.7%,受出资企业委派出任俱乐部总经理,他们具有一定的经营经验和能力,但对篮球缺乏了解。还有4人是运动员加教练员出身,他们精通篮球,但缺乏经营方面的知识。从所学的专业来看,所有俱乐部总经理都没有接受过专门的经营管理方面的正规教育。这与NBA球队的经理人员形成了较大的差距。因此,我国职业篮球俱乐部的外部治理,主要依靠竞赛核心产品和比较封闭的资本市场。要实现我国职业篮球俱乐部规范的外部治理,还有很长的路要走。

3.内部治理

所有11家篮球俱乐部都成立了董事会。各俱乐部董事的人数3~14人不等。董事产生的办法都是由出资企业或个人以及参股单位授权。从可了解的几家与当地体育管理部门合作的俱乐部的董事构成来看,其董事人数占有优势，并且都没有球员董事。代表当地体育管理部门的董事接受从全体人民、中央政府、国家体育总局到各地方体育局的多层委托授权，他所代理的并不是自己所属的股份，并且对他的监督是比较典型的行政监督和约束。因此其履行俱乐部董事职责、参与俱乐部重大事务决策的激励动机显然不足，约束行政化。

  董事会授权给俱乐部经理人员负责俱乐部的日常管理和经济活动，大多数俱乐部的法人代表是俱乐部的董事长。俱乐部总经理或者以俱乐部董事的身份，或者以法人代理人的身份参与或者列席俱乐部董事会。俱乐部总经理的产生办法有 2 家俱乐部是出资企业任命，其他的 9 家俱乐部都是由董事会聘任的。几乎所有的经理人都享有聘任和解聘部门主管、执行董事会的决议、列席董事会、对外的签字权、向董事会提名副总经理人选等权利。11 家俱乐部中均未设有股东会。因为有一半俱乐部是与当地体育部门合作的，而当地体育部门的所有权属于全体人民所有，而实际上不可能把全体人民都请来参加某个篮球俱乐部的股东大会。江苏南钢俱乐部的三家股东分别属于国有企业、公立学校和国家事业单位部门，它们的终极所有者都是全体人民。几家属于私营企业或个人所有的俱乐部，股权相当集中，也没有成立股东会的必要。只有 1 家俱乐部设立了监事会，并且实际上没有起到什么监督作用。尽管有许多俱乐部都成立了董事会，开始聘用经理人员，但这些主要管理人员的责任和权力还不够明确，有的董事会形同虚设。

  由此可见，我国目前典型的职业篮球俱乐部治理结构，由出资企业代表和地方体育管理部门或者其他单位代表组成的董事会、由董事会聘任的经理阶层以及相互之间的关系构成。权威的方向自上而下，监督的方向和层次与权威的方向基本重合。即出资企业与当地体育管理部门（或其他组织）实际上充当了最终所有者的角色，拥有最终的所有权和剩余索取权，属于权威的最高层。董事会则接受最终所有者的委托，享有俱乐部资产的法人产权，拥有俱乐部实际的支配权，并对经理阶层实行监督。经理阶层则处于权威的最下方,受董事会聘用,接受董事会法人授权,成为俱乐部的法人代理人,拥有监督其他生产要素所有者的权力,同时也接受董事会的监督。因此,中国职业篮球俱乐部已经具备了现代企业治理结构的雏形。

但是,在实际操作中,最终所有者对董事会的监督和约束明显不足,特别是一些地方体育管理部门的董事会,在参与俱乐部决策过程中动力不足,也缺乏有效的约束机制。另外,对相关利益者缺乏保护。现代公司治理结构的一个发展趋势是保护相关利益者的利益。长期以来,企业治理结构通行的宗旨是,股东是所有者,经理必须为股东的利益最大化服务。但是,从20世纪80年代至今,美国有19个州修改了公司法。新的公司法要求经理为公司的"相关利益者"服务,而不仅仅是为股东服务,还要保护相关利益者。在职业篮球俱乐部中,最大的利益相关者是球员和教练员,他们的人力资本具有极大的专用性,他们也为此承担了巨大的风险。一旦取消职业篮球竞赛,这些资本的价值就很难得到体现,而俱乐部的投资人则可以把资金投入其他领域。根据风险补偿的原则,理论上应该赋予球员们剩余索取权,但由于球员技艺这种人力资本不可转让特性,无法赋予其剩余索取权,代之以较高的固定收入。在NBA的治理结构中,代表球员利益的是球员们自己组织的球员工会,这实际上形成了NBA的一种外部治理结构。在中国,由于职业篮球刚刚起步,并且球员是经济上的最大受益者,所有11家俱乐部的经营成本中,球员薪金占有最大的比例,因此对保护球员的利益要求目前还不明显。但是从制度设计上应该予以考虑,以免今后出现损害利益相关者权利的情况时,付出更昂贵的成本。考虑到我国的国情,允许私自成立球员工会,通过市场、谈判等外部治理的方式来保护球员利益,在短期内似乎不太可能。但是我们可以借鉴国有企业治理结构的经验,使球员在俱乐部董事会中占有一定的比例,通过内部治理解决保护利益者的问题,也可以体现我国社会主义制度的特点和优越性。

(三)篮球运动管理中心与职业篮球俱乐部的产权关系特征及分析

NBA联盟及其他球队与篮球运动管理中心及职业篮球俱乐部之间的产权关系,或者设计的产权制度有非常显著的差异,或者说篮球运动管理中心与职业篮球俱乐部之间的产权关系,具有自己明显的特点:篮球运动管理中心与职业篮球俱乐部是法人与法人的关系,是事业法人与企业法人之间的关系。中国篮球协会是具有独立法人资格的全国性群众体育组织、自治区、直辖市篮球协会、各行业篮球协会及解放军相应的运动组织为团体会员组成的、全国性的、非营利的联合组织,是中华全国体育总会的团体会员,是中国奥林匹克委员会承认的奥运会组织,是代表中国参加国际篮球联合会和亚洲篮球联合会的唯一合法组织。中国篮球协会的秘书处是管理中国篮球事业的常设结构。中国职业篮球属于篮球运动管理中心管理的业务范围,而NBA联盟并不是一个经济实体,也不具备法人资格。我国宪法规定,"法律面前人人平等"。故法人与法人是一对对等的经济实体,也就是篮球运动管理中心与各职业篮球俱乐部在法律上是对等的经济实体。

参考文献

视频文献

[1] 非职业篮球系列纪录片《莫问前程》第4集《勇往直前》文字整理。https://www.bilibili.com/video/BV1DX4y1G7tU/? spm_id_from=333.337.search-card.all.click&vd_source=6b757be28dd836d511396f9005ac235c.

[2] 非职业篮球系列纪录片《莫问前程》第3集《坚守》文字整理。https://www.bilibili.com/video/BV147411q7Yc/? spm_id_from=333.337.search-card.all.click&vd_source=6b757be28dd836d511396f9005ac235c.

[3] 2022年5月"野球帝"成员王旭、徐通接受陕西广播电台访谈视频整理。https://www.ixigua.com/7096016505711788581.

[4] 纪录片《外籍球员漂在中国乡镇野球圈》中对王璁的访谈整理。https://www.bilibili.com/bangumi/play/ep281766? from_spmid=666.25.episode.0&from_outer_spmid=333.337.0.0.

[5] 央视报道视频《遇见你 篮球少年石学念》文字资料。https://tv.cctv.com/2021/03/12/VIDEcPSL2JYnUswZmQX8DqUw210312.shtml.

[6] 根据"街球人物"发布的视频《卧室里的篮球梦——王阳》整理。https://www.bilibili.com/video/BV1xg411P7Co/? spm_id_from=333.999.0.0.

[7] 根据"街球人物"发布视频《球场"脏无忌"孔祥振,野球场上的宋晓峰,郭艾伦都来模仿他!》整理。https://www.bilibili.com/video/BV1aP4y177b7/? spm_id_from=333.999.0.0.

[8] 根据"街球人物"发布视频《姚明专门出视频回应的贵州"村BA"篮球赛,它有什么样的魅力?》整理。https://www.bilibili.com/video/BV1st4y1g7hj/? spm_id_from=333.999.0.0.

[9]央视新闻报道.浙江南浔:关注"以体育人",鼓励退役运动员到校做兼职教练或体育老师资料整理。https://tv.cctv.com/2021/06/06/VIDE4vytaCWbIsczZxiRYv4Y210606.shtml.

网络文献

[18]sl.什么是篮球野球[EB/OL].http://www.212p.com/baike/aoyun/176987.html,2022-02-08/2022-09-13.

[19]陈媛媛."农"味十足的"村BA"为何火出圈[EB/OL].https://www.163.com/dy/article/HEIQ2JO40512D3VJ.html?f=post2020_dy_recommends,2022-08-12/2022-09-22.

[20]大太阳说运动.打野球什么意思?[EB/OL].https://baijiahao.baidu.com/s?id=1734595683870396564,2022-06-03/2022-09-13.

[21]董振杰,尹航."野球圈"里的篮球背包客[EB/OL].https://www.163.com/dy/article/GGTMHGRQ0534JESX.html,2021-08-08/2022-09-20.

[22]杜金城."国民篮球巅峰赛"点燃青岛篮球热潮"草根篮球达人"为CBA总决赛预热[EB/OL].https://www.163.com/dy/article/FJOLEP7R0550EWRZ.html,2020-08-11/2022-09-20.

[23]丰臻.近万人挤入山谷观战,三年来中国最热闹的野球赛[EB/OL].https://mp.weixin.qq.com/s/DqqexIqMekQFOHbYMtsnMA,2022-07-26/2022-09-22.

[24]国务院.国务院关于印发全民健身计划(2021—2025年)的通知[EB/OL].http://www.gov.cn/zhengce/content/2021-08/03/content_5629218.htm,2021-07-18/2022-10-10.

[25]何鹏楠."野球"江湖:前四川男篮球员打三天挣万元,受伤只能自己扛[EB/OL].https://mp.weixin.qq.com/s/KmieDGBzV3e-NVJ_bluOVw,2018-11-01/2022-09-22.

[26]荷畔侃球.独一无二的中国野球,挣得比CBA球员多,打完就拿钱![EB/OL].https://www.163.com/dy/article/F57OLI5L05496ID4.

html,2020－02－13/2022－09－22.

[27]黄祎.张卫平最大梦想曾是当厨子 50 年前就称霸东单街球场[EB/OL].http://news.jstv.com/a/20171005/1507163312952.shtml,2017－10－05/2022－09－13.

[28]靳锦.野球江湖:你不了解的另一种中国[EB/OL].https://www.huxiu.com/article/330148.html,2019－12－10/2022－09－13.

[29]敬月谈体育.街球是一种文化,颠覆传统[EB/OL].https://www.sohu.com/a/403485148_120602731,2020－06－22/2022－09－15.

[30]静娅.广西万村农民篮球赛总决赛"黄家军"赫赫有名[EB/OL].https://sports.sohu.com/20090926/n267014164.shtml,2009－09－26/2022－09－13.

[31]篮球 Basketball."监狱球王"李·本森的中国野球故事[EB/OL].https://www.sohu.com/a/194910105_597698,2017－09－27/2022－09－13.

[32]篮球客.中国野球圣地开创民间篮球专业市场化运营新纪元![EB/OL].https://www.sohu.com/a/327575165_670165,2019－07－17/2022－09－22.

[33]李广专业体育评论."村 BA",就是中国篮球与中国足球的最大不同[EB/OL].https://www.163.com/dy/article/HEIF8A3F0552198A.html?f＝post2020_dy_recommends,2022－08－12/2022－09－22.

[34]刘金涛.篮球培训迎来白刃战,这里或许有中国篮球的真正出路[EB/OL].https://zhuanlan.zhihu.com/p/28507684,2017－08－14/2022－09－25.

[35]鲁浩.那些年入百万的草根篮球手[EB/OL].https://zhuanlan.zhihu.com/p/37697199,2018－06－05/2022－09－13.

[36]罗宇.从一个小山村看乡村篮球赛的"市场化"之路[EB/OL].https://www.sohu.com/a/574983555_267106,2022－08－07/2022－09－13.

[37]马思嘉,黎广滔.一颗"沸腾"的农民篮球[EB/OL].https://www.chinaxiaokang.com/wenhuapindao/tiyu/2021/0709/1198470.html,

2021-07-09/2022-09-22.

[38]媒体滚动.篮球产业链与生态圈风生水起,"准者体育"收获数亿元B轮融资[EB/OL]. https://finance.sina.com.cn/jjxw/2021-12-29/doc-ikyakumx7077509.shtml,2021-12-29/2022-10-10.

[39]钱晞."草根篮球"相当火[EB/OL]. https://sports.sohu.com/20130222/n366743793.shtml,2013-02-22/2022-09-20.

[40]黔东南统一战线.50个平台直播100家媒体关注8亿人次观看黔东南"村BA"赛出民族团结新气象[EB/OL]. https://mp.weixin.qq.com/s/l8FemL8CMsMEhZZCWEA7Lw,2022-08-17/2022-09-30.

[41]清华体育产业研究中心.星火指南|消费者篇——外出参赛参与夏令营观看高水平赛事成为消费者增值服务三大诉求[OB/OL]. https://mp.weixin.qq.com/s/eJpN42dJAPj0fRwvJ44P1A,2021-03-25/2022-09-20.

[42]清华体育产业研究中心.星火指南|学员篇——感受快乐伙伴关系自我实现成为青少年参与体育培训三大动因[OB/OL]. https://mp.weixin.qq.com/s/am1dCjgQ5dfAMoW8fUNyhg,2021-03-18/2022-09-20.

[43]清华体育产业研究中心.星火指南|总结篇——稳扎稳打循序渐进青少年体育培训一直在路上[OB/OL]. https://www.163.com/dy/article/G879AESL0529DBLQ.html,2021-04-22/2022-09-20.

[44]清华体育产业研究中心.钟南山,生活体育的践行者[OB/OL]. https://www.163.com/dy/article/HAASIA2B0529DBLQ.html,2022-06-20/2022-09-20.

[45]生态体育.篮球野球场上玩的开,得知道这16条规则,不然会被鄙视[EB/OL]. https://wenku.baidu.com/view/877a34db730abb68a98271fe910ef12d2af9a9f1?aggId=877a34db730abb68a98271fe910ef12d2af9a9f1,2019-06-03/2022-09-22.

[46]搜狐."黑鹰少年"欧文惹——原来篮球,真的是可以改变命运的啊[EB/OL]. https://www.sohu.com/a/496007110_120068921,2021-10-19/2022-09-15.

[47]搜狐体育.红牛城市篮球传奇从这里开始享受到篮球的快乐[EB/OL]. https://sports.sohu.com/20150924/n422034684.shtml,2015－09－24/2022－09－22.

[48]搜狐体育.华熙B·One联赛[EB/OL]. https://sports.sohu.com/20170807/n505757251.shtml,2017－08－07/2022－09－22.

[49]腾讯网.在亚洲最接近NBA水准的比赛,不是CBA,是"村BA"[EB/OL]. https://new.qq.com/rain/a/20220304A02MYD00,2022－03－04/2022－09－13.

[50]王璁.揭秘最具中国特色的篮球"丛林法则"－野球"WILDBALL"[EB/OL]. https://weibo.com/ttarticle/p/show?id＝2309404316804389411950,2018－12－13/2022－09－13.

[51]王丹妮.篮球职业联赛"失意者"的野球江湖[EB/OL]. https://mp.weixin.qq.com/s/1BX1_l9eJAwkBj7I1TRDsQ,2019－08－29/2022－09－25.

[52]王小笨.北京街头故事[EB/OL]. https://36kr.com/p/1722827833345,2018－09－12/2022－09－25.

[53]祥燎.砸400万,请NBA球星打球!中国"最山寨"比赛,凭啥火爆小县城?[EB/OL]. https://www.sohu.com/a/519767415_115958,2022－01－29/2022－09－22.

[54]肖榕.根植厚土,"村BA"江湖里的晋江故事[EB/OL]. http://www.fj.chinanews.com.cn/news/fj_2022_wh/2022/2022－09－19/509846.html,2022－09－19/2022－0925.

[55]杨老师评球.懂球皇体育:"日落东单"中国的"洛克公园",篮球爱好者天堂[EB/OL]. https://www.sohu.com/a/400228460_100230952,2020－06－07/2022－09－20.

[56]杨灵.75岁大爷开宝马打篮球走红是野球场上的"巨星"[EB/OL]. https://ishare.ifeng.com/c/s/v002vp2QCiwDiqTtIuiLhz－－vCk-Bi－－vgXFo3JPe37p2WYg5Q__,2019－03－27/2022－09－25.

[57]野球帝.冠军奖1300斤的黄牛!"村BA",为何会爆火?[EB/OL].

https://www.163.com/dy/article/HEDIJB670529DAVR.html?f=post2020_dy_recommends,2022－08－10/2022－09－15.

[58] 一本黑.在农村打野球年入百万？CBA队员看了都说香！[EB/OL].http://www.wuliao.net.cn/rewentuijian/202111/zainongcundayeqiunianrubaiwan_CBAduiyuankanliaodushuoxiang__13939.html,2021－11－05/2022－09－20.

[59] 壹球ONEBALL.为牛而战！贵州"村BA"有多火爆？[EB/OL].https://www.sohu.com/a/575184530_486008,2022－08－08/2022－09－13.

[60] 俞国伟,张琳,朱文秀.武汉草根篮球记忆[EB/OL].http://news.cnhubei.com/content/2021－10/26/content_14201357.html,2021－10－26/2022－09－13.

[61] 娱乐文乐.正式退役！苏伟回山东老家创业开篮球培训机构 前宏远队友为他打工[EB/OL].https://www.sohu.com/a/582174607_710192,2022－09－03/2022－10－05.

[62] 悦读帮Club."村BA"火出圈！最近平坝这些篮球赛事,你都去看了吗？[EB/OL].https://www.163.com/dy/article/HERAP69E0514DS7G.html,2022－08－15/2022－09－25.

[63] 占太林.城市传奇:一家被体育耽误的内容公司[EB/OL].https://ishare.ifeng.com/c/s/v0029OGMJZ6Y2pATjAKMS9QcwgLD5NFAqDZyqfJF1U4dtoo__,2018－06－18/2022－09－22.

[64] 张肇婷.大源坝坝篮球成新晋网红打卡地 背后:网络效应点燃市民运动激情[EB/OL].https://www.sohu.com/a/558274546_116237,2022－06－17/2022－10－05.

[65] 郑蜀炎.一个只能打半场球的三角形篮球场 我为何至今记忆犹新[EB/OL].http://www.81.cn/yw/2022－05/11/content_10154035.htm,2022－05－11/2022－09－20.

[66] 中国产业研究报告网.2022－2028年中国篮球培训机构市场深度调查与市场需求预测报告[OB/OL].http://www.chinairr.org/report/R13/R1303/202207/15－495189.html,2022－07－15/2011－

09—20.

[67]中国篮镜头.独一无二的中国野球:挣得比职业球员多 这里没特权[EB/OL].https://www.sohu.com/a/342740628_461606,2019—09—23/2022—09—13.

[68]中国新闻网.广西万村篮球赛20万农民秀"乡村NBA Style"[EB/OL].https://www.chinanews.com.cn/ty/2015/02—12/7056515.shtml,2015—02—12/2022—09—13.

[69]中华全国体育总会.野草、野球、野蛮生长,中国篮球敢野更敢斗到底![EB/OL].https://www.sport.org.cn/industry/2019/0920/290809.html,2019—09—20/2022—09—20.

[70]紫气东来网.从电影再到游戏,街篮的背后承载了美国黑人的血泪史[EB/OL].http://k.sina.com.cn/article_6471441060_181ba5aa400100pc0o.html,2020—06—25/2022—09—15.

报刊文献

[71]冯爱军.易建联篮球训练中心试运营 将开设青少年培训[N].信息时报,2016—05—30.

[72]海闻.福州篮球培训迎来大鱼 CBA球星李航试水训练营[N].东南快报,2016—02.

[73]扈建华.中国篮球协会——助力打造有成长性的全民健身体系[N].中国体育报,2019—04—21.

[74]李伶俐.郭艾伦首次开办个人训练营[N].辽沈晚报,2020—08—18.

[75]刘杨.易建联篮球训练营昨开营:给孩子提供高水平训练[N].东莞时报,2011—07—25.

[76]毛湛文,高山,耿婉桐,白雪蕾,高心语.青年亚文化,在"破壁"中展现新图景[N].光明日报,2020—07—24(007).

[77]陈嘉堃.《中国篮球运动发展报告》发布[N].北京日报,2021—12—23.

[78]潘燕.2020年玉林百镇千村篮球大赛开赛[N].玉林日报,2020-01-21.

[79]沈汉炎.麻涌:群众文化惠民潮流文化"出圈"[N].东莞日报,2022-08-03(A06).

[80]史琳杰.从职业球员兼战街头篮球李克联手中国街球第一人[N].体坛周报,2008-06-08.

[81]王辉."培训+赛事"驱动青少年篮球市场发展[N].中国体育报,2019-08-15.

[82]王辉.健身休闲产业调研座谈会聚焦青少年培训[N].中国体育报,2019-05-19.

[83]王镜宇,李博闻.大学生篮球联赛期待更上一层楼[N].新华每日电讯,2022-08-11(007).

[84]王子仪.热爱运动的昆明生机蓬勃[N].昆明日报,2022-09-11(002).

[85]向淳,胡玉山,杨曦,杨小友,张赛.乡村篮球赛"比肩"CBA[N].贵州日报,2022-07-26(011).

[86]辛明.广西开展万村篮球大赛小比赛解决农村大问题[N].中国青年报,2006-09-28.

[87][英]霍布斯鲍姆、T.兰格.传统的发明[M].顾杭,庞冠群,译.上海:译林出版社,2004:2.

[88]Foucault Michel. "Government" in Michel Foucault[M]. Power, edited by James D, 2000.

[89]卢元镇.体育社会学[M].北京:高等教育出版社,2001:50.

[90]马陌上.嘻哈部落之街头篮球[M].兰州:敦煌文艺出版社,2005:17.

[91]陈新.篮球文化与篮球市场[D].苏州:苏州大学博士学位论文,2007.

[92]陶然.闽南侨乡村落篮球文化研究[D].厦门:厦门大学硕士学位论文,2019.

[93]张松奎.我国大众篮球运动发展研究[D].北京:北京体育大学博士

学位论文,2008.

[94]别君华.青年亚文化在新媒体时代的嬗变——评《无法忽视的另一种力量:新媒介与青年亚文化研究》[J].传媒,2016(21):90-91.

[95]曾昕.情感慰藉、柔性社交、价值变现:青年亚文化视域下的盲盒潮玩[J].福建师范大学学报(哲学社会科学版),2021(01):133-141+171-172.

[96]柴云梅.篮球产业与媒体产业深层联动关系研究[J].体育文化导刊,2016(08):122-126.

[97]梁涛.我国篮球运动职业化与大众化双轨道平衡发展研究[J].广州体育学院学报,2021(06):43-45.

[98]陈杰,王沂,汪流.草根篮球研究[J].体育文化导刊,2015(04):59-62.

[99]扈伟.篮球运动融入闽南农村民俗节庆文化现象的启示[J].山东体育学院学报,2013(03):28-31.

[100]李乃琼,李志清.农村篮球运动与民俗节庆互动的机制研究[J].沈阳体育学院学报,2013(04):58-60+78.

[101]李乃琼,李志清,石健东.农村篮球运动与民俗节庆互动发展的研究——以广西灵山县农村为例[J].西安体育学院学报,2007(04):13-16.

[102]覃安,李志清,李乃琼.农村民俗节庆篮球运动发展分析[J].体育文化导刊,2010(08):22-24.

[103]马中红,陈霖.无法忽视的另一种力量:新媒介与青年亚文化研究[M]北京:清华大学出版社,2015:37-42.

[104]孟登迎."亚文化"概念形成史浅析[J].外国文学,2008(6):10.

[105]谭光辉.论"无情":人类的情感规则如何面对"佛系"人格的挑战[J].符号与传媒,2020(1):85.

[106]唐逸.文化研究方法论[J].学术月刊,1998(02):80-83.

[107]王博文.新媒体背景下的民间体育赛事品牌传播——以虎扑"路人王"篮球赛事为例[J].新媒体研究,2021(09):109-112.

[108]王家宏,钱志强,陶玉流.新中国群众篮球运动发展的史学研究[J].

体育文化导刊,2003(09):30-32.

[109] 王沂,陈月亮,陈杰.大冶市草根篮球赛事发展研究[J].体育文化导刊,2014(07):53-55+74.

[110] 王沂,汪流,陈杰.黄石市草根篮球俱乐部发展现状调查报告[J].体育文化导刊,2015(03):119-122.

[111] 王玉瑾,张成功.市场经济条件下发展广东篮球产业的研究[J].广州体育学院学报,2016(04):63-66.

[112] 徐成立,宋玉,田静,刘买如.日本"野球"运动的文化向度[J].体育学刊,2018,25(01):40-45.

[113] 徐立和.威海"野球"史考[J].体育文化导刊,2003(01):73-74.

[114] 杨彩虹,刘付新.体育亚文化管窥[J].体育文化导刊,2015(2):4.

[115] 叶虎.巴赫金狂欢理论视域下的网络传播[J].理论建设,2006(05):66-68.

[116] 余明权.野球生存悖论与治理对策研究[J].南京体育学院学报,2018(04):20-26.

[117] 张铁明,谭延敏,刘志红,高爱民,董启林.农村非正式结构体育社团的发展研究[J].体育科学,2009(11):23-40.

[118] 掌玉宏.草根体育达人体育文化因子及传承[J].体育文化导刊,2014(07):199-202.

[119] 周华锋,李井海,赖齐花.草根体育组织现状与发展对策研究——以广州市为例[J].广州体育学院学报,2013(06):23-26.

[120] 周亚辉,郭永波,温洪泽.群众篮球"广东模式"的基本特征与形成机制[J].体育学刊,2019(04):69-72.

[121] Colin A. Zestcott, Jessie Dickens, Noah Bracamonte, Jeff Stone, C. Keith Harrison. One and Done: Examining the Relationship Between Years of College Basketball Experience and Career Statistics in the National Basketball Association[J]. Journal of Sport & Social Issues,2020(4).

[122] Hartmann D. Black Gods of the Asphalt: Religion, Hip-Hop, and Street Basketball[J]. Contemporary Sociology: A Journal of Reviews,2017(6):727-729.

[123] Oates T P. Selling streetball: racialized space, commercialized spectacle, and playground basketball[J]. Critical Studies in Media Communication,2017(1):94-100.

[124] Spencer Dew. Black Gods of the Asphalt: Religion, Hip - Hop, and Street Basketball. By Onaje X. O. Woodbine. New York: Columbia University Press, Pp. 224. Cloth, $30. [J]. Religious Studies Review,2019(2).

[125] Steven Aicinena, Sebahattin Ziyanak. Examining the Gathering of Nations Powwow and a NCCA Division I basketball game[J]. Journal of Human Sciences,2019(3).

[126] Wallace B. Commodifying Black Expressivity: Race and the Representational Politics of Streetball[J]. Communication & Sport,2020.